晒文旅 晒优品 促消费

第一季

No.1

畅游宁夏　给心灵放个假

摄影 / 祁赢涛 美丽的沙湖星空

卷首语

这里是宁夏

宁夏“晒文旅·晒优品·促消费”大型文旅推介活动第一季

ZHE LI SHI NING XIA

这里是塞上江南，这里是中国旅游微缩盆景，这里是星星故乡，这里是神奇宁夏。

宁夏位于中国“雄鸡”版图的几何中心，是中华文明的发祥地之一，是古丝绸之路上的重要节点，是祖国西部的一块宝地，她拥有“塞上江南”的美称。多样丰富的地形地貌，造就了其多姿多彩的独特自然风光，被誉为“中国旅游微缩盆景”。这里是“贺兰山下果园成，塞北江南旧有名”的鱼米之乡，也铺陈着“大漠孤烟直，长河落日圆”的绮丽画卷，更是“天高云淡，望断南飞雁，不到长城非好汉”的红色土地。

为认真贯彻落实习近平总书记视察宁夏时的重要讲话精神，做好黄河流域生态保护和高质量发展先行区建设，深度挖掘宁夏历史文化资源，讲好宁夏故事，促进宁夏文旅高质量发展，宁夏回族自治区党委宣传部、宁夏文化和旅游厅、宁夏广播电视局于2020年9月共同开展了“晒文旅·晒优品·促消费”大型文旅主题推介活动。该活动通过“书记两晒一促专题宣传”“炫彩60秒短视频”“经典故事精品线路专版”“云上文旅馆”四大主题，利用全媒体宣传推介方式，在报社、网站、客户端、微博等平台共同发力，呈现当地区域特色、文化和旅游精品、风物特产。

作为一次文旅融合营销的成功案列，宁夏“两晒一促”被评为“2020年度中国旅游影响力营销案例”。“两晒一促”大型文旅推介活动是宁夏首次县区全域、全行业、全产业链参与、全媒体融合的营销实践，巧妙地把文化和

▶▶▶

旅游融合起来，深度挖掘宁夏历史文化资源，系统展示宁夏自然风光和风土人情，为市场复苏注入了活力和信心，成为宣传展示宁夏文化和旅游的一张新名片。“两晒一促”活动自启动以来，宁夏22个县（市、区）依次出镜，各位书记化身旅游代言人、带货人，通过短视频的表现形式，为游客展示特色文化和旅游资源。充分展示了“塞上江南·神奇宁夏”的主题形象，将宁夏特有的颜值和气质“晒”到了全国，使得宁夏文旅的曝光量、美誉度明显提升，也给文旅产业带来了更多客流和商机。

为了进一步提升“两晒一促”的关注度，深入持久地展示宁夏各地的自然风光和风土人情。我们编辑出版了《这里是宁夏》书籍，本书以“游宁夏App”的“云上文旅馆”为扫码阅读平台。主要内容分为书记“两晒一促”专题宣传，“炫彩60秒”县（区）文化旅游微视频专题宣传，各县（区）文旅“经典故事、精品线路”专版展示，通过唯美图文、音画视频等形式，生动展示宁夏文旅特色亮点，展现宁夏全域旅游和文旅融合高质量发展的新成效、新形象，通过书籍扫码观看视频、阅读图文的方式，宣传推介宁夏22个县（区）的区域特色、文化旅游精品和风物特产，唱响“塞上江南·神奇宁夏”，让游客在宁夏“给心灵放个假”。由于时间仓促，编辑中的不当之处，敬请批评指正。

气势磅礴的大漠风光、浪漫神秘的宁静星空、历史悠久的黄河文化……“两晒一促”活动将宁夏文化和旅游资源立体呈现在游客面前。活动对行业发展的带动作用逐步显现，为文化和旅游企业发展带来机遇。“两晒一促”是宣传宁夏文化事业和旅游产业重要的融媒体宣传平台。通过全面展示、全员营销、精准营销，深度挖掘当地历史文化资源，展示了自然风光和风土人情，培育了文化和旅游消费新业态、新热点，随着第二季“晒文旅·晒优品·促消费”活动的持续开展，我们相信贺兰山下、六盘山上、黄河两岸、长城内外、仰望星空等文化和旅游品牌一定会逐步深入人心。

宁夏并不遥远

NINGXIA BINGBU YAOYUAN

宁夏位于中国“雄鸡”的几何中心，黄河中上游，位置不东不西，海拔不高不低，早在4万年前就有人类在灵武水洞沟遗址繁衍生息。宁夏是西北地区重要的生态安全屏障，现为全国第二个省级全域旅游示范区创建单位，被《纽约时报》评为“全球46个最值得去的地方之一”，也是西部独具特色的旅游目的地。

摄影 / 徐胜凯

银川市将“绿色、高端、和谐、宜居”城市发展理念融入城市建设，全力打造绿色空间相隔、湖泊湿地映城、山水和谐的宜居城市。

速读宁夏

SUDU NINGXIA

地理/位于中国西北部的黄河中上游，平均海拔在1000米左右。

地貌/类型多样，山脉、高原、平原、丘陵、河谷等，使宁夏呈现出丰富的自然景观。

经纬/地处东经104° 17’～107° 39’，北纬35° 14’～39° 23’。

历史/得黄河水灌溉而形成了悠久的黄河文明。早在4万年前就已有了人类生息的痕迹，居于“丝绸之路”的要道。

气候/属温带大陆性气候，年晴好天气270天左右，夏无酷暑，冬无严寒，年平均气温10℃，一年四季皆宜旅游。

面积/总面积6.64万平方公里，人口720多万，地势南高北低，东西窄南北长。

语言/官方语言为普通话，民间交流也讲本地方言。

区划/辖银川、石嘴山、吴忠、固原、中卫5个地级市，22个县（市）区，首府银川市是中国十大旅游休闲示范城市。

旅游/既有江南水乡的秀丽，又兼塞外大漠之雄浑，自然景观壮丽如画，人文历史悠久多彩，被誉为“中国旅游的微缩盆景”。

扫码观看
宁夏文化旅游宣传视频

扫码阅读
《这里是宁夏》电子版

摄影／刘宪忱

不管是在六盘山上、贺兰山下，抑或黄河两岸、长城沿线、沙海大漠等处仰望星空；不管是体验『贺兰山下果园成，塞北江南旧有名』的风情，还是体会『大漠孤烟直，长河落日圆』的雄浑，或是体会『天高云淡，望断南飞雁，不到长城非好汉』的豪迈，都会让你感受到心灵的休憩。

目录

第三章 黄河明珠·美丽吴忠

第四章 天高云淡六盘山

第五章 **沙漠水城·云天中卫**

后记

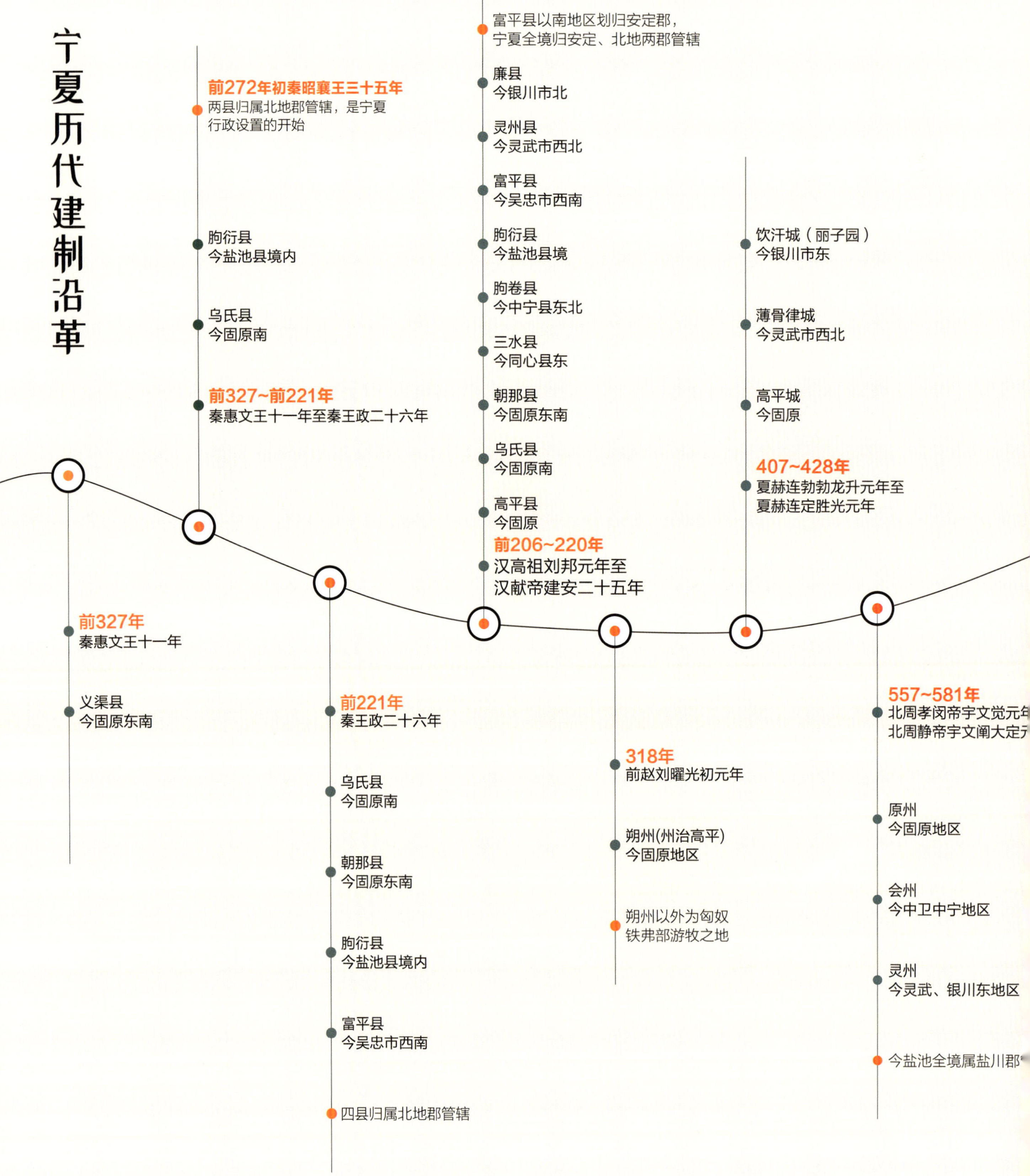

宁夏历代建制沿革
前327年
秦惠文王十一年
义渠县
今固原东南
前327~前221年
秦惠文王十一年至秦王政二十六年
乌氏县
今固原南
朐衍县
今盐池县境内
前272年初秦昭襄王三十五年
两县归属北地郡管辖，是宁夏
行政设置的开始
前221年
秦王政二十六年
乌氏县
今固原南
朝那县
今固原东南
朐衍县
今盐池县境内
富平县
今吴忠市西南
四县归属北地郡管辖
前206~220年
汉高祖刘邦元年至
汉献帝建安二十五年
高平县
今固原
乌氏县
今固原南
朝那县
今固原东南
三水县
今同心县东
眗卷县
今中宁县东北
朐衍县
今盐池县境
富平县
今吴忠市西南
灵州县
今灵武市西北
廉县
今银川市北
富平县以南地区划归安定郡，
宁夏全境归安定、北地两郡管辖
318年
前赵刘曜光初元年
朔州(州治高平)
今固原地区
朔州以外为匈奴
铁弗部游牧之地
407~428年
夏赫连勃勃龙升元年至
夏赫连定胜光元年
高平城
今固原
薄骨律城
今灵武市西北
饮汗城（丽子园）
今银川市东
557~581年
北周孝闵帝宇文觉元
北周静帝宇文阐大定
原州
今固原地区
会州
今中卫中宁地区
灵州
今灵武、银川东地区
今盐池全境属盐川郡

618~907年
唐高祖李渊武德元年至
唐哀帝天祐四年

宁夏全境属关内道，下辖原州、会州、灵州三州，后置安乐州、雄州、警州

灵州
今灵武、永宁、银川

会州
今泾源、海原部分地区

原州
今固原地区、同心东南一带

960~1127年
宋太祖赵匡胤建隆元年至
宋钦宗赵桓靖康二年

镇戎军
今固原地区

西安州
今海原西安乡

怀德军
今固原北

德顺军
今隆德、西吉县部分地区

渭州
今泾源县及固原南部

原州
今固原东部

灵州
今灵武市东南

盐州
今盐池县

定州
今平罗县姚伏乡

保静镇
今永宁县境内

怀远镇
今银川市

北宋的地方行政建制为路、州、府、军、监，下辖县、镇

1038~1227年
西夏景宗嵬名元昊天授礼法延祚元年至
西夏末帝嵬名晛宝义元年

应理县
今中卫市区

鸣沙县
今中宁鸣沙乡

定州
今平罗县姚伏乡

怀州
今银川市东

静州
今永宁县

顺州
今永宁县西南

韦州
今同心县韦州

盐州
今盐池县

灵州
今灵武市西南

兴州
今银川市

1271年
元世祖忽必烈至元八年

开城府
今固原市

广安州
今固原市

开城县
今同心南、海原、固原、西吉部分地区

元朝的地方行政建制为中书省、路、府、州、县

1288年
元世祖忽必烈至元二十五年

是为“宁夏”地名之始

定州
今平罗县姚伏乡

中兴州
今银川市

应理州
今中卫市区

鸣沙州
今中宁鸣沙乡

灵州
今灵武市西南

宁夏府
今宁夏

1376~1644年
明太祖朱元璋洪武九年至
明思宗朱由检崇祯十七年

固原州
今固原地区

宁夏卫
今银川市

宁夏前卫
今银川市老城

宁夏左屯卫
今银川市老城、永宁县、青铜峡市

宁夏右屯卫
今银川市老城、西夏区、永宁县、贺兰县、青铜峡市

宁夏中屯卫
今永宁、平罗、灵武、银川、中卫、盐池一带

明朝在边境军事要地设置军政合一的卫、所，从事屯防。明成化年间，固原升为镇，为“九边”之一

1644~1911年
清世祖福临顺治元年至
清溥仪宣统三年

清朝的行政建制为省、府、州、县

宁夏府
今银川、中卫、平罗、灵武、吴忠

固原州
今海原及同心下马关一带

宁夏“两晒一促”视频扫码矩阵

宁夏“两晒一促”文旅推介活动通过60秒炫彩视频、8分钟专题宣传、文旅经典图文故事，以全媒体形态展示和推介当地自然风光、人文风情和历史文化，深入挖掘、呈现宁夏的多元魅力，通过立体的数字化传播，扮靓风景、厚实文化，推动文化旅游融合发展，进而使美丽山水与厚重文化熠熠生辉，让高质量发展与高品质生活交相辉映。

丝路明珠 魅力银川

沙湖映贺兰 活力石嘴山

黄河明珠 美丽吴忠

利通区炫彩8分钟　利通区炫彩60秒　利通区经典故事

同心炫彩8分钟　同心炫彩60秒　同心经典故事

盐池炫彩8分钟　盐池炫彩60秒　盐池经典故事

红寺堡炫彩8分钟　红寺堡炫彩60秒　红寺堡经典故事

青铜峡炫彩8分钟　青铜峡炫彩60秒　青铜峡经典故事

天高云淡六盘山

原州炫彩8分钟　原州炫彩60秒　原州经典故事

西吉炫彩8分钟　西吉炫彩60秒　西吉经典故事

泾源炫彩8分钟　泾源炫彩60秒　泾源经典故事

隆德炫彩8分钟　隆德炫彩60秒　隆德经典故事

彭阳炫彩8分钟　彭阳炫彩60秒　彭阳经典故事

沙漠水城 云天中卫

沙坡头炫彩8分钟　沙坡头炫彩60秒　沙坡头经典故事

海原炫彩8分钟　海原炫彩60秒　海原经典故事

中宁炫彩8分钟　中宁炫彩60秒　中宁经典故事

畅游宁夏 给心灵放个假

NINGXIA

宁夏，是中华文明的发祥地之一，这里既有古老的黄河文明，又有雄浑的大漠风光；既有神秘的西夏古韵，又有浓郁的地域风情；既有记载历史的古长城，又有孕育希望的新天府；既有璀璨浪漫的星空，又有休闲运动的乐土……

宁夏是一座自然博物馆。这块神奇秀美的土地，拥有巍峨高山、峻峭峡谷、黄金沙漠、蜿蜒长河、戈壁草原、水乡风韵……中国十大类95种旅游资源宁夏就有8大类46种，被誉为“中国旅游的微缩盆景”，是世界各国旅游爱好者、摄影爱好者、休闲运动爱好者的理想打卡目的地。

九曲黄河，唯富一套。宁夏黄河两岸阡陌纵横、湿地连片、风光秀丽、百姓富足，青铜峡黄河大峡谷、黄河坛、黄河楼等饱含古老黄河文明的特色景区如繁星般点缀在黄河之滨。历经2000多年的宁夏引黄古灌溉区，织就了“天下黄河富宁夏”的历史传奇，被誉为“中国水利博物馆”，载入了《世界灌溉工程遗产名录》。

宁夏境内的沙漠有黄河环绕、高山依偎、绿洲映衬，既有江南景色之秀美，又兼西北风光之雄奇，治沙成果令世界瞩目。沙坡头景区堪称世界沙都，大漠、黄河、高山、绿洲在这里相遇，是“中国十大最好玩的地方”。在中国有水的地方很多，但湖光山色中少了些沙的粗犷；有沙的地方不少，但瀚海起伏中少了些水的灵性。只有在沙湖，才能看到沙与水的珠联璧合。

宁夏境内南北雄峰对峙，享有盛名。贺兰山是宁夏的父亲之山，是中国草原与荒漠的分界线，它高大雄伟、气势磅礴，因岳飞《满江红》“驾长车，踏破贺兰山缺”而名满天下。登上贺兰山，雄浑巍峨的山体宛如万马奔腾，无限风光在险峰的感慨油然而生。山脚下的镇北堡西部影城是中国电影走向世界的发源地。

六盘山是宁夏的母亲之山，是中国北方重要的分水岭，被誉为黄土高原上的绿岛，它既有丝路古风的雄浑，又有云雨烟岚的柔美，拥有中国十大佛像石窟之一的须弥山石窟、中国四大古关之一的萧关以及中国海拔

最高、入围“神奇西北100景”的丹霞地貌火石寨，毛泽东在这里写下的“天高云淡，望断南飞雁，不到长城非好汉”的豪迈词篇，更让它名扬海内外。

宁夏不仅有浩瀚的黄河、苍茫的沙漠，那触手可及的点点繁星同样不容错过。在当地适宜的经纬度、海拔条件、空气质量与气候环境的共同造就下，宁夏观星条件绝佳，被誉为中国最佳观星地之一。

千百年留下的须弥山石窟、古萧关、开城元代安西王府遗址、固原古城、隋唐墓地遗址等一大批见证丝绸古道交流与融合的历史遗址是宁夏独有的文化宝藏。4万年前的水洞沟旧石器遗址，是中国最早发现的旧石器时代人类遗址，是中国史前考古的发祥地。景区里的藏兵洞，也是全国唯一保存最为完整的古代立体军事防御体系。1万年历史的贺兰山岩画，分散于贺兰山峭壁险峰之上，记录了远古人类放牧、狩猎、娱舞等生产生活场景，是史前人类艺术的长廊。

2000余年来，中国历代修筑的长城，不仅见证了宁夏历史的金戈铁马，也让宁夏在中国拥有“长城博物馆”的美誉；宁夏境内战国至明代各个时期留存至今的雄伟壮阔的长城达1500多公里，其中可见墙体1038公里，是海内外游客长城游的最佳之地，也是了解中华民族悠久历史的最佳场所。

1000年来，在贺兰山下遗世独立的西夏陵，是中国留存至今规模最大、地面遗址保存最完整的帝王陵园之一。特别是夕阳西下时，红霞尽染天际，西夏陵矗立在贺兰山下的戈壁滩上，兼具柔情与粗犷、壮阔和神秘，伫立凝视，画面定格，永驻心底。

宁夏贺兰山东麓与法国波尔多处于同一纬度。凭借独特自然资源和悠久的酿酒传统及现代化的酿造技术，已成为世界知名的最佳酿酒葡萄和葡萄酒产区之一，许多葡萄美酒多次在世界葡萄酒评比中斩获大奖并数次端上中国的国宴。在这里，不仅出产着中国最好的葡萄酒，也拥有中国最大的酒庄集群。宁夏中宁的枸杞药用价值最高，有着世界枸杞之都的美誉，而每一颗红枸杞都包含着宁夏人民对身体安康的美好祝福。

宁夏羊肉鲜香味美，不膻不腻，有“改变世界口味”之称。“西域第一抓、闻香快下马”指的就是宁夏的手抓羊肉，数不清的游客对飘香四溢的手抓羊肉、涮羊肉、爆炒羊羔肉等赞不绝口。最出名的宁夏盐池滩羊作为杭州G20峰会、厦门金砖国家峰会、2019夏季达沃斯论坛的特供，如今已名扬世界。

看惯了都市的繁华盛景，想体验“采菊东篱下，悠然见南山”的田园野趣，可以来到宁夏，住一住沙漠星星酒店、沙湖的奇趣蛋屋、中卫的黄河宿集、金沙海的火车旅馆、龙王坝村的窑洞宾馆。这些有特色、有故事的新型民宿产品，既可以让人亲身体验中国西北的铁汉柔情，又满足了人们对浪漫生活的全部幻想，它们都已经成为宁夏吸引海内外游客的金名片。

遇见宁夏，就是遇见一场时空变幻的奇妙旅行。

摄影 / 芦有碳

图为黄河流经宁夏最北端的城市石嘴山，黄河岸边的滩涂湿地，成了白鹭、红嘴鸥、灰鹤等野生鸟类上佳的栖息之所。

黄河文化

徜徉塞上新天府

千百年来，川流不息的黄河宛若母亲般，滋润、呵护着宁夏平原，造就了“塞上江南”。早在秦代，中华儿女的先民就在黄河两岸修渠引灌，凿饮耕食，形成了著名的引黄古灌溉区，自古就有“天下黄河富宁夏”之说。

星星故乡

仰望灿烂的星空

宁夏归来不看沙，走进世界地理奇观沙坡头，欣赏大漠之无限魅力。俯瞰大地，领略人类治沙的奇迹。暂别城市纷扰，仰望璀璨星空，欣赏非遗经典，聆听动人故事，找寻文化遗迹，触摸历史脉搏，您的足迹，将与宁夏山川合为最美的乐章。

摄影 / 刘普顺
地处腾格里沙漠的中卫沙坡头，因良好的自然观星条件，成为观星露营的网红打卡地。

酒庄休闲

分享世界的酒香

葡萄酒自诞生至今，已有近千年的历史，征服了全世界的餐桌。贺兰山东麓位于北纬38°，得天独厚的自然条件使这里成为世界公认的葡萄种植“黄金地带”，走入贺兰山东麓沿线的酒庄，每一道丰俭由人的酒香美味，都代表着宁夏的味道。

供图 / 西鸽酒庄

地处贺兰山东麓的青铜峡西鸽酒庄，所酿造的贺兰红葡萄酒因热播剧《山海情》而走红全国。

红色主题

不忘初心新长征

宁夏是一片有着光荣革命传统的红色土地，六盘山是中央红军长征翻越的最后一座高山，毛泽东同志曾在这里即兴吟出著名词章《清平乐·六盘山》的初稿《长征谣》。西吉将台堡是红军长征胜利会师之地。2016年7月，习近平总书记视察宁夏时，强调要不忘初心，走好新的长征路。

摄影 / 李本建

固原六盘山红军长征景区，红色人文资源与绿色生态资源交相辉映，是西北重要的红色旅游目的地。

供图 / 图虫网

冬日的沙湖风光妖娆，既能感受西北大漠风情，也能遇见不一样的沙漠“冲浪”之旅。

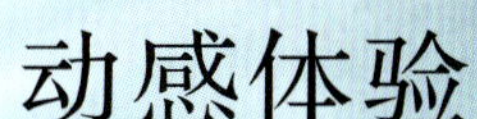

动感体验

开启旅行新体验

宁夏依托独特的地质地貌资源和适宜的气候条件，大力推动以沙漠探险、长城探秘、冰雪运动、定向越野、航空飞行、山地穿越、水上运动、山地自行车等为主的动感体验特色旅游线路，深受游客青睐。

长城遗址

穿越时空寻古今

宁夏素有“中国长城博物馆”之称。境内长城遗址自战国起，历经秦、汉、宋、明等多个朝代，总长超1500公里，可见墙体有1038公里。古老的长城，起伏峻岭之巅，蜿蜒壮丽，诉说着当年的金戈铁马、沙场狼烟。

摄影 / 芦有碳

归德沟是贺兰山内一条原始的山沟，这里有完整的古长城烽火台。图为明长城宁夏石嘴山归德沟段。

供图 / 泾源县旅游局

泾源县是宁夏境内森林覆盖率最高、生态系统最具原真性的一块“净土”，是宁夏南大门一道亮丽的风景线。

绿色生态

休闲度假新生活

今天的宁夏，自然纯粹 、生机勃勃，与世界的距离不再遥远。让天更蓝、水更清、山更绿、环境更优美，宁夏正在全力推进生态文明与旅游产业的有机融合，以生态文明为底色的休闲度假旅游产业，已成为美丽宁夏的生态画卷。

YINCHUAN

银 川

丝路明珠 · 魅力银川

晒银川一城倾心

银川市东临黄河，西倚贺兰山，是全国历史文化名城之一。银川市域内分布着广阔的林地、水域、天然草场，自然景观独特，旅游资源丰富。“贺兰为屏，黄河绕境，沃野千里，湖泊镶嵌”，是银川地貌格局的特征。黄河过境长度78.4公里，水利资源丰富，唐徕渠、汉延渠、西干渠、惠农渠等古灌渠交织纵横。其间沃野百里，沟渠纵横，草木茂盛，散布着数百个大小湖沼，有著名的“七十二连湖”。

银川有说不完的故事，赏不尽的美景。人文、自然景观众多，赋予了银川独特的魅力。走进银川，可以感受传统与时尚交相辉映的美丽，这座融古都风貌、民族风情和现代韵味于一体的边塞古城，正以一种崭新的姿态迎接着五湖四海嘉宾的光临。

摄影 / 徐胜凯

远方，贺兰如黛；近处，湖水相连。塞上银川不是江南，胜似江南。地处西北的银川市素有“塞上湖城”的美誉，银川平原在黄河的滋养下，水系纵横交错。碧水蓝天成为城市的一张亮丽名片，塞上湖城正绽放出无穷魅力。

扫码观看银川市文化旅游宣传视频

塞上江南·古城兴庆

XINGQINGQU

九曲黄河，在流经银川平原时，滋润着古城兴庆，神奇地孕育出了一幅“天下黄河富宁夏”的壮丽画卷。

这里自然景观、风土人情与丝路古道融为一体，成为西部独具特色的旅游胜地。塞上江南今胜昔，走进兴庆感受别样的美!

得益于大自然给古城兴庆馈赠的厚礼，这里波光荡漾，城在湖中、湖在城中，造就了一方湿地胜境、康养之城。

乘船荡漾在鸣翠湖中，水车悠悠，水鸟嬉戏，在这里，既可以畅游万亩迷宫，也可以寻一处僻静之地静心独钓；历经沧桑的黄沙古渡沙水相依，让人心旷神怡；春天，红嘴鸥万里跋涉，精准导航，只为到兴庆来“打卡”，如同飘逸的音符在燕鸽湖、北塔湖奏响自然和谐的乐章。蓝天、白云、绿水、花海，让兴庆充盈着生活的惬意和浪漫的诗意。兴庆之美，美在秀丽。

古城兴庆不仅可以欣赏到秀美的自然风光，还能感受到时尚的潮流，时尚元素在各个领域都精致着人们的生活。“夜经济”带动了城市新活力，点亮了城市新风尚。新兴文化、创意文化镌刻着城市形象，改变着古城兴庆的精神气质。兴庆之美，美在时尚。

扫码观看“炫彩60秒”短视频

银川鼓楼 **供图 / 全景网**
银川鼓楼是宁夏第一个中国共产党的组织——中共宁夏特别支部的办公旧址。

晨光之下 **摄影 / 王留义**

厚重的文化、悠久的历史给兴庆留下了丰富的文化遗产，辖区内有承天寺塔、海宝塔、玉皇阁等多处古建筑，每年都吸引大批国内外游客前来观光旅游。

摄影 / 徐明才

坚持“绿色、高端、和谐、宜居”的城市发展理念，城市见缝插绿，打造特色多样的小微公园，银川市建成区绿地面积居全国前列。

这里有明长城小龙头遗址，也是黄河与长城的唯一交汇处，它不仅形成了独特的景观，还讲述着悠久深厚的黄河故事。

回望悠悠过往，秦始皇统一六国，派蒙恬屯垦戍边，开创了引黄灌溉的先河。秦渠、汉渠、唐徕渠的开凿，成就了“塞上江南”。1038年这里被赋予了有吉庆之意的兴庆之名。明代宁夏总兵张泰发明的旋风炮成为最早的坦克雏形；清初“河西四将”之一的赵良栋，平三藩之乱有功，被赐谥号“襄忠”。当钟鼓楼上点亮了共产主义的烛光，玉皇阁内《中山日报》传播出马列主义思想，南薰门迎进了十九兵团的和平之师，这座城市被赋予了英雄气质，也激发了人民的世代爱国情怀。兴庆之美，美在厚重。

穿梭在老街巷，触摸着时光的印痕，“我在马路边捡到一分钱”萦绕耳畔，儿歌大王潘振声的歌声深刻影响了几代人的成长，歌曲的手稿、曲谱被评为“现代革命一级文物”。100多首歌是在这里生活了33年的他留给兴庆最深的记忆。“敬德修业，博物明理”的不变追求，也让这座城市更加有温度。

总有一些味道，是属于兴庆独有的，它挑动着万千味蕾，让游子魂牵梦绕，让游客流连忘返。红柳烤羊肉串，把红柳枝独特的香味，通过火烤、高温融入羊肉中，令人回味无穷。

右上图 海宝塔寺 **摄影 / 丁翔宇**

海宝塔寺是一座有着1500多年历史的古刹，它不仅是银川唯一的全国重点开放寺院，也是旅游观光的名胜风景点，院内树木成荫，空气清新，环境优美；红墙黄瓦，古朴典雅；悠悠钟声，传数公里之遥。

右下图 **摄影 / 徐超**

黄河军事文化博览园集军事博览、主题纪念、国防教育、拓展训练、互动体验、度假休闲于一体，是中小学生国防教育及素质提升教育基地，是深度体验军事探险和军旅生活、感受军事文化魅力的主题公园。

扫码观看“两晒一促”8分钟专题视频

供图 / 图虫网 红柳枝烧烤

精选肉质纤维微细的盐池滩羊，用红柳枝穿串烤制，口感细嫩，鲜香多汁，令人回味无穷！

仙鹤楼饺子 **供图 / 图虫网**
在宁夏，想吃到馅儿大、皮儿薄的手工水饺，仙鹤楼是必选。

黄河湿地公园

摄影 / 苏成远

蜿蜒流淌的黄河不仅为宁夏地区的人们提供了交通运输的便利，灌溉了西北干裂的土地，也大大丰富了沿河两岸的生态环境，使荒漠戈壁绽放点点绿色。黄沙古渡原生态旅游景区内的黄河湿地公园就是黄河造就的多样生态环境的代表。

人间烟火味，最抚凡人心。独特的移民文化，让天南海北的美食都汇聚于兴庆，在这里，可以吃到来自全国各地的美食，无论你来自哪里，都能找到你喜欢的口味。

生活在这座闲适又不乏优雅、时尚风骨的美丽城市，幸福不只在于丰衣足食，同样在于美丽兴庆铺展开的碧水蓝天画卷中。多彩花都灿烂绽放，特色产业园竞相开放，农业生态园争奇斗艳，乡村休闲游遍地开花，让兴庆四季都是丰收节。兴庆之美，美在丰富。

这里，湖城风光迷人；这里，黄河湿地动人；这里，蓝天白云醉人；这里，五彩花海诱人。这里是塞上江南，古城兴庆。

兴庆如画，诚邀天下！

左上图 鸣翠湖国家湿地公园 **摄影 / 徐胜凯**
鸣翠湖比银川市区的一些湿地公园安静许多。占地约5.3平方公里，苇丛摇绿，鸟啼其间，原生湿地的野性足以让人忘却尘世喧嚣，感受古韵和诗意。

左下图 艾伊薰衣草庄园 **摄影 / 徐文祥**
薰衣草的淡淡香气清新优雅，能够舒缓紧张情绪、提振精神。在工作和学习之余，带上家人和朋友，远离纷扰和城市的喧闹，走进自然，放松疲惫的身心和焦虑情绪，感受满满的爱和幸福吧。

扫码观看“经典故事”图文专题

魅力金凤·幸福之城

JINFENGQU

这是一座充满活力的城市，这里风景秀丽，生态环境宜人；这里人文荟萃，文化底蕴深厚；这里是创新开放的热土，幸福生活的家园。银川阅海湾中央商务区，令银川这颗丝路明珠绽放出新的光芒。这座城市建设的奋斗者，这片热土变化的亲历者，曾经无数次瞩望这里，谁曾想到，仅仅十多年的时间，这里已成为宁夏高质量发展的生动实践。

2000多年前，起于中国的丝绸之路，横贯欧亚非。银川，是这条“经贸玉带”上的必经驿站，2000多年后的今天，这里又肩负起落实国家“一带一路”倡议这一光荣且艰巨的使命。

四面荷花三面柳，一城山色半城湖。说起金凤，不得不说这里得天独厚的水生态环境。历史上，黄河古河道在银川平原几经迁移，在金凤境内留下了众多湖泊水系。直至今天，黄河母亲依旧滋养着金凤这方热土。

典农二字，取自银川市前身典农古城，距今已有2100余年。典农河纵贯金凤南北，宛如一条玉带串联起宝湖、华雁湖、陈家湖、阅海湖等十数个湖泊生态主题公园。

扫码观看“炫彩60秒”短视频

银川金凤区 **摄影 / 徐胜凯**

银川金凤区湖泊湿地众多，是宜游宜乐之地。

摄影 / 徐胜凯
贺兰山下涌动欢乐的银川森林公园夏日啤酒狂欢节。

摄影 / 徐胜凯

乐堡啤酒音乐节为银川乐迷带来全新升级的乐堡酒镇、乐堡潮玩馆、机器人主题电音派对等玩乐互动体验。

摄影 / 李光荣

在宁夏人的眼中，餐饮美食不仅仅是简单的吃吃喝喝，也不仅仅是味蕾和食欲的满足,更是人与人之间情感的交流与思想的碰撞。

从高处俯瞰金凤，典农河河道蜿蜒曲折、湖泊湿地星罗棋布，水天一色的美景成就了塞上湖城的美誉。

阅海湖是国家级自然湿地保护区，素有银川绿肺之称。每年初春时节，数十万只各种鸟类会成群结对地来此迁徙繁衍，场面蔚为壮观。

日出夕照、渔歌唱晚、秋水明霞、云天倒影，阅海湖风物变幻、气象万千。在这里，既可体味亭台楼阁、烟雨朦胧的江南盛景，又可领略湖光山色、波澜壮阔的塞上豪情。

金凤区集聚了众多高端酒店与各类公寓民宿。作为都市旅游的第一驿站，以JW万豪酒店、绿地国际交流中心为代表的各类度假酒店集餐饮、住宿、商务会议、度假休闲等功能于一体。

大阅城、金凤万达等众多繁华的大型商业综合体，一头串联起金凤的活力和底蕴，另一头承载着这座城市的财富和时尚。

幻太奇海洋公园，将海洋生物与梦幻场景结合交融，置身其中，仿佛置身于一个美丽的奇幻梦境。在这里，可以与鲨鱼、海狮亲密接触，在海底观景隧道观赏美人鱼婀娜多姿的身影，透过蔚蓝的海水感受亚特兰蒂斯的奇妙。

扫码观看“两晒一促”8分钟专题视频

上图　银川夜景　**摄影 / 丁翔宇**　夜幕下金凤区显得华丽而庄重，灯火璀璨，车水马龙。一座座高楼熠熠生辉，城市的轮廓在五彩华灯的勾勒下极具魅力。
下图　宁夏博物馆　**摄影 / 张景璐**　整座建筑气势恢宏庄重，将民族传统、地方特色和时代精神融于一体，与周围建筑交相辉映，蔚为壮观。

上图 **摄影 / 何世宏** 银川建发大阅城是国内一流的集商贸购物、文化旅游、餐饮娱乐和夜市卖场为一体的城市级综合体。
下图 **供图 / 图虫网** 凤凰桥是凤城银川又一座横跨典农河的重要桥梁，是典农河上亮丽的地标景观。

银川文化艺术博览中心采用“文化+科技+乐园”模式，立足中华传统文化的传承与发扬，全方位展示着古今丝路上重要节点城市的人文历史和现代科技的独特魅力。

金凤区聚集了宁夏最多、最丰富的文化资源，具备了多元开放的文脉。

宁夏博物馆，馆藏文物4万件，国宝级文物达159件。文明曙光、丝路重镇、塞北江南、朔色长天等主题展厅，用丰富的文物语言记录了4万年来宁夏这片土地上孕育出的灿烂文化！

对各种进步文化的兼容并蓄，使金凤成为银川标志性的文化高地、艺术殿堂。灵感与激情、传统与现代，碰撞出最耀眼的火花。

多彩的休闲娱乐体验，一向是金凤的追求。

黄河合唱节、全国青少年体育大赛、西部花儿民歌会、银川国际马拉松等各种大型文体活动在这里竞相绽放。阅海湾水上灯光秀代表宁夏五上央视。

金凤的夜晚，从来不缺少故事。

人间烟火气，最抚凡人心，夜晚的片刻休闲，是对奔忙一天的人最好的犒赏。

爱上一座城，有一万种理由，最值得怀念的，是幸福的感觉！

用一片初心，聚八方来客！以一城山水，汇四海宾朋！

这里是金凤，幸福之城！

左上图　阅海湿地公园　**摄影 / 刘宪忱**
阅海湿地承载了古老的黄河灌区文化，具有独特而丰富的湿地旅游资源。

左下图　银川典农河　**摄影 / 孙伟**
典农河既反映了宁夏平原农业开发的悠久历史，也体现了塞北江南农耕文化的多元文化特色。

扫码观看“经典故事”图文专题

贺兰山下·醉美西夏

XIXIAQU

这里是一首诗，一首大气磅礴的诗，贺兰山被宁夏人民称为“父亲山”，它抵挡住了西伯利亚寒流和腾格里大漠的风沙，又拥抱黄河入怀。这样才成就了人们心中的“塞上江南”。西夏区“横卧”在贺兰山下，是诗和远方交会的地方。

这里是一幅画，画出了数万年的永恒艺术长廊，在贺兰山东麓极目远眺，神秘的远古岩画熠熠生辉，每一幅岩画都是一个故事、一页历史。岁月失语，唯石能言。每当阳光穿峡而过，你会被眼前古老而神秘的痕迹所吸引。

贺兰山岩画激发了很多艺术大师的创作灵感，正如韩美林先生所言，“每次看到贺兰山岩画，我都有一种创作激情，会产生对现代艺术的思考”。

贺兰砚，古雅莹润，叩之有金玉之声，呵气可以生水，自古就有“一端二歙三贺兰”的说法。

放眼戈壁千里，穿越时光步道。这一刻，你就是历史的见证者。

听过了一首诗，看过了一幅画，忆过了一段历史云烟后，去享受一场精神的饕餮盛宴，镇北堡西部影城经过张贤亮先生的精心雕琢，让中国电影从这里走向世界。

穿越时光隧道，让我们共享一场电影之旅，去寻找记忆中的画面。

扫码观看“炫彩60秒”短视频

摄影 / 祁赢涛

贺兰山脉为南北走向，主峰敖包疙瘩海拔3556米，山脉绵延200多千米，是中国西北地区的重要地理界线。

西夏陵国家考古遗址公园　**摄影 / 徐胜凯**

西夏陵留下了跨越时空的无限神秘和传奇遐想，贺兰山下一座座高大的土筑陵台默默矗立，展示着神秘西夏的昔日风云。没有正史记载，也许就是它的魅力所在。

上图　**摄影 / 黄山**　剪纸作为我国历史最悠久的民间美术形式之一，表现了中华民族的民情民风，被列为人类最重要的保护、传承和发展的文化遗产之一。

下图　赵桂琴刺绣作品题材广泛，有花鸟、人物、山水，突破了西北刺绣以花鸟为主题的观念，尤以古今人物见长，刺绣体现出“精、细、雅、洁”的独特艺术风格，同时也融入了西北文化的丰厚底蕴，丰富了中国传统优秀民间文化的内涵。

上图 麻编的每一件手工艺品，简单却文艺，纯净却隽永。把中国的传统文化推广到全世界，不仅让外国人了解中国文化的灿烂与多样，对于宁夏自身而言更是一种文化自信的树立。

下图 泥塑以物载道，其制作蕴含着深厚宏博的中华文化精神。王永红以现实生活为题材，把原始浪漫精神与写实主义融为一体，以新颖的构思、完美的艺术造型来刻画不同的形象，使作品具有浓厚的生活气息和粗犷简洁的艺术风格。

◀◀◀

“贺兰山下果园成，塞北江南旧有名。”这里是贺兰山东麓葡萄酒旅游廊道，也是被世界公认的酿酒葡萄黄金种植带。这几年贺兰山东麓的葡萄酒在国际上获奖无数，主要原因是这里有种植酿酒葡萄最好的水土，贺兰山东麓独特的光照、温差，使这里可以种出最好的酿酒葡萄，也因此能酿出最醇厚的美酒。西夏区有25座葡萄酒庄，星罗棋布在贺兰山下，年产葡萄酒近2000万瓶，在历届国际知名葡萄酒大赛中屡获佳绩，是享誉世界的“紫色名片”。随意走进一家酒庄，都可以领略独特的中国葡萄酒文化，品鉴最醇厚的葡萄佳酿。

美酒美景、文旅交融，全域西夏、步步皆景，徜徉在网红民宿，茂林修竹环绕，虫鸣鸟叫入耳，置身在农家小院，有诗、有茶、有远方，让我们持一张慢享生活的请柬，赴一场岁月静好的约会，在万星璀璨的银河里，把时间定格在此。

右上图 **摄影 / 李本建**
银川怀远夜市每天晚上都会有成百上千的食客们流连于此，这里已经成为名副其实的不夜城。

右下图 **供图 / 昵图网** 烤全羊精选肉质鲜美的盐池滩羊，采用天然的果木木炭，经过独创的工艺慢火烤制，以十多种中草药及天然调味料等制成独家秘制配料。外酥里嫩、不膻不腻、风味独特。

扫码观看“两晒一促”8分钟专题视频

怀远观光夜市
HUAI YUAN NIGHT MARKET
vivo
vivo
50

九碗十三花是指宴席上的菜用九只大小一样的碗来盛，是一道有地方特色的宴请菜肴，也是用来招待最尊贵客人的传统菜肴。

上图　坐落在贺兰山东麓的张裕摩塞尔十五世酒庄，凭借这里出色的自然条件，成为一处重要的葡萄酒酿造基地。
下图　**摄影 / 邬志斌**　志辉源石酒庄整体建筑风格以汉文化为源，吸收汉代思想精髓，依托贺兰山自然地貌，打造了一个错落有致、古朴典雅的建筑群。

华灯初上，让我们去怀远夜市寻一片人间烟火。这里有南北汇聚的舌尖美味，也藏着昔日岁月里的温情回忆，夜市里散发着城市的热情。每到傍晚，怀远不夜城灯火通明，各种小吃云集，人流攒动，这里承载着人们对宁夏的味蕾记忆。

人生赛道上，永葆青春，不负韶华。跨过每一座山丘，探索前进的方向，带着奋进的勇气，离梦想的距离更近一些。

贺兰山下，醉美西夏。现在就让我们出发吧！

扫码观看“经典故事”图文专题

左上图　镇北堡西部影城以古朴、原始、粗犷、荒凉、民间化为特色，保留、复原了部分影片的拍摄场景和道具，供游客观赏。
左下图　西夏博物馆是游客读懂西夏历史文化的窗口。
右页多图　夏日的滚钟口风景秀丽、林木葱茏，有70多种常绿树和落叶林，以初春时节景色最美。

贺兰，不止于山

HELANXIAN

贺兰县以贺兰山得名，在纵横1600平方公里的土地上，巍巍贺兰山、滔滔黄河水，孕育了它最初的蓬勃景象。生在这里、长在这里，深情地热爱着这片土地，只因这山的巍峨、山的坚韧、山的豪迈……

869年，唐代诗人韦蟾送别好友去朔方，他由心而发“贺兰山下果园成，塞北江南旧有名……”

时隔1100多年后，这片沃野，使命如山，砥砺奋进，初心如磐，行稳致远!

就是这样一种以贺兰山为媒的时空跨越、时代变迁，把中华民族传承不息的创造精神和梦想精神，系于一脉、凝于一方……

贺兰口海拔1448米。在沟谷两侧绵延600多米的山岩石壁上，分布着6000多幅被誉为“中国游牧民族艺术画廊”的贺兰山岩画，记录着3000~10000年前远古人类放牧、狩猎、祭祀、争战的场景。画在眼前，却延展着人们与远古的一次次心灵对话……

扫码观看“炫彩60秒”短视频

贺兰山星轨　**摄影 / 王旭阳**

贺兰县四十里店稻渔空间 **摄影 / 田恩民**

作为一个典型的塞北绿洲，银川平原上大面积的绿洲与黄河的赐予有着直接关系，由卫宁平原和银川平原组成的宁夏平原，蕴藏着丰富的水土资源，纵横的引黄灌溉渠造就了优质的草场和大面积的绿洲及片片稻田。

供图 / 图虫网
贺兰山国家森林公园位于宁夏首府银川市近郊，地处中温带干旱气候区，是中国离省会城市最近的国家森林公园。

左图 西夏遗址宏佛塔 右图 活字印刷

“贺兰晴雪”胜景，纵情着“满眼但知银世界，举头都是玉江山”的风骨。国家4A级旅游景区——贺兰山国家森林公园，层峦叠嶂，沟谷幽深，500余种植物茂盛其间，200多种野生动物繁衍于此。樱桃谷，绵延3000米，景点密布，宛若世外桃源。贺兰山博物馆，讲述着贺兰宏大而精彩的历史、文化。

山有其势，石必灵毓。质地莹润、纹理细而不滑、质坚而不硬的贺兰石，为宁夏五宝之一。用贺兰石雕刻的砚台呵气见水、易发墨而不损毫，余墨加盖多日不干不霉。从清代起，就流传着“一端二歙三贺兰”的赞誉。

亿年幻化、百年传承、数年雕琢，贺兰石工艺制品在岁月的凝望下闪烁着灵性的光芒。近年来的禁采政策，保护了大自然的恩赐，也让贺兰石制品更显珍贵。

西夏遗址宏佛塔，是一座砖筑的三层八角形楼阁式与覆钵式兼具的复合体建筑。从这里出土的大量文物中，不乏中国古代文化艺术品中的精美之作。全国重点文物保护单位拜寺口双塔，是迄今为止保存最为完整的一对西夏佛塔。从这里出土的世界最早木活字印刷印本，将我国木活字印刷的发明和使用时间提前了100年，佐证和捍卫了中国古代印刷术的发明权。

扫码观看“两晒一促”8分钟专题视频

拜寺口双塔

摄影 / 徐胜凯

拜寺口双塔距今已有800多年的历史。站在塔前，不免感慨，数百年前，这里是规模宏大的皇家寺庙建筑群，如今，却只有双塔仅存。日升月落，从历史深处向今天的人们讲述西夏王朝曾经的辉煌。

上图　贺兰山下，苍穹之间，银川韩美林艺术馆与古老的贺兰山岩画交相辉映，共叙恢宏篇章。
下图　贺兰砚是特色传统手工艺品。贺兰石结构均匀、质地细腻、刚柔相宜，是一种十分难得的石料。

山，是贺兰的脊梁，而水，则是贺兰的血脉。喝着黄河水长大的贺兰之子，深深地知道，这里不只有山，24公里黄河水流经这里，将贺兰大地滋润得郁郁葱葱、五彩斑斓。

从心灵深处沿黄河岸边寻觅，满目是纵横交错的沟渠、星罗棋布的农田。绿水青山就是金山银山，推动着贺兰的一次次巨变。一排排美丽的扶贫搬迁农民新居，犹如一道道小康生活的五线谱，山水飞扬，笑脸洋溢。

创业的贺兰，以稻渔空间的色彩，让稻、鱼、鸭、蟹和谐共生，把优质有机大米的品牌远播四方。它让山、水、林、田成为生命共同体，刷新着旅游休闲的新颜值。

在北纬38° 世界葡萄种植的“黄金地带”，优质葡萄凝萃成璀璨生辉的醇美琼浆，成为闻名天下的最佳酿酒葡萄和葡萄酒产区之一。

创新的贺兰，用智慧留住天地赐予的限量珍藏，拥有全国首家枸杞科研产业基地和枸杞博物馆的贺兰，向世界献出不可多得的东方臻品——枸杞。这个自古就被誉为“东方神果”的宁夏五宝之一，是宁夏献给人类的风味佳品。

贺兰山岩羊 **摄影 / 沙峰** 雄浑的贺兰山因古岩画和古人类文化遗迹而获得了灵魂和精神，因此成为中外游客向往的福地，贺兰山岩画遗址公园内岩画遍布、岩羊跳跃、流泉飞瀑……

天然绿色屏障贺兰山　**摄影 / 徐胜凯**

贺兰山国家森林公园，以山体巍峨、森林茂密、自然风光秀丽、人文景观独特、野生动植物资源众多、旅游基础设施完善而著称。

贺兰口岩画人面像刻制在距地20米高、面南的一面石壁上，是贺兰口所发现岩画中地理位置最高的一幅。重环的双眼及短线刻画的睫毛使得整个面部神采奕奕；半圆形的轮廓和鼻子及嘴部匪夷所思的描绘，带给我们无穷的想象；冷峻的神情中透露出的威严使人不由自主地心生敬畏之情。

创优的贺兰，可以在特色农产品中感受富饶丰足；可以在绿色有机水稻、新鲜大棚果蔬、优质高产奶品的园区风光间，收获着希望田野丰收的喜悦……

今天的贺兰，拥有国家卫生县城、国家园林县城、国家现代农业产业园等20余项国字号名片，在一次次华丽的转身中，完成着力的突破和美的蝶变，染就幸福生活的花朵和音符，告诉人们这是一个宜居、宜业，充满活力的好地方！

在贺兰，可以将春风拥揽入怀，让岁月流金，让生活如歌，让梦想成真。让你我的每一次邀约，沿着“风光谁亚小江南”的画卷去飞翔！

左上图 牛像刻　右上图 镇山虎　左下图 母子鹿　右下图 人面像

扫码观看“经典故事”图文专题

大爱之地·和美永宁

YONGNINGXIAN

永宁地处银川平原中部，镇守着银川的南大门。黄河绕其东，贺兰耸其西。可谓背名山而面洪流，左河津而右重塞。这里也留存着很多历史文化遗迹，它们见证了永宁县的古往今来，在这片山河相拥的厚土上，每一道风景都在讲述永宁的不老故事。

纳家户，始建于明代，距今有480余年历史。当地纳姓是明代陕西移民，建起了歇山飞檐、轩昂雄壮的民族风格与汉唐艺术融为一体的建筑群。

李俊塔，得名于明代驻守此地的边将李俊。据说李俊勇武过人，屡次击败异族侵略，保一方安宁。古塔凌霄于黄河与贺兰山之间，可谓“李俊威名化金塔，忠魂依旧镇山河”。

1949年解放军从仁存夜渡黄河，拉开了和平接管银川的序幕，也为仁存古渡印下了深深的红色烙印。

古往今来，黄河是中华民族自强不息、团结奋进的精神象征。来华夏河图当代美术馆，通过艺术家的多元视角，去探索黄河文化的新时代意义，让心灵与黄河的历史和艺术创造精神交融。

扫码观看“炫彩60秒”短视频

华夏河图银川艺术小镇是宁夏民生集团在中国西北小镇展开的一场大地理想实践。秉持天人共美的东方传统哲学与可持续发展的共生城市理念，让艺术、生态、教育、生活在此共栖共生。

荟聚葡萄酒之都 共圆紫色梦想
In the Wine Capital We Embrace the Purple Dream

黄河，像母亲一样滋养着这片热土，在永宁境内，黄河奔流32.5公里，自秦人开凿秦渠，历代移民跨越千年的开凿修建，形成了现在纵横密布的渠道网络，这里的稻田得以充分灌溉，加上天然弱碱性土壤和较长的日照时间，尽得天地精华，蒸制的米饭，洁白如脂、晶莹不腻、油润香口。

1997年在福建省对口帮扶下，移民走出西海固，在这里引水、开荒，20年间，硬是在昔日的干沙滩上建起了今日的小康家园，闽宁镇由此得名。

闽宁镇的故事也多次被艺术家搬上了荧幕。以闽宁镇为原型的电视剧《山海情》就是展现移民群众不畏艰苦、创造美好生活家园的真实写照。正如片中所展现的一样，闽宁镇已经由昔日的干沙滩变成了如今的金沙滩，鳞次栉比的农家小院，整齐排列的一排排瓦房，遍布村庄的太阳能热水器，笔直的柏油马路，走进闽宁镇，宛若走进一幅恬静的水墨画。

长日照、高温差、干旱少雨，可控灌溉、无污染，得天独厚的地理位置和气候让这片土地的瓜果格外的香甜。

原隆村非遗旅游产品研发基地，非物质文化手工旅游产品让人感受最淳朴的民风。

左上图　**供图 / 摄图网**
宁夏葡萄酒酒色纯正、口感圆润、风味独特，具有原产地的典型性，多次在国际、国内获得大奖。

左下图　贺兰红共享酒庄
为全力推动葡萄产业资源整合，培育龙头旗舰，发展旗舰领衔产品，打响产品品牌，根据贺兰山东麓独特的水土条件，结合市场需求和消费者喜好，宁夏研发的“贺兰红”葡萄酒应运而生。

扫码观看“两晒一促”8分钟专题视频

摄影 / 徐胜凯

满园清香藏不住，万串葡萄等你来，金秋时节，位于宁夏贺兰山东麓的各大酿酒葡萄庄园纷纷进入了葡萄采摘季。走在贺兰山东麓沿线的酒庄，随处可见红红绿绿的葡萄垂挂在枝头，果香阵阵,让人垂涎不已。

供图 / 摄图网

葡萄美酒夜光杯，这里也是世界公认的最适合种植酿酒葡萄和生产高端葡萄酒的黄金地带。

在棚湖湾红树莓文化旅游综合体，可欣赏随处可见的格桑花，摘一颗红树莓，在生态餐厅品一顿柴禾鸡，与孩子一起从彩虹滑道上呼啸而下，在火车旅馆感受怀旧旅途。

这里已经形成以花卉、食用菌、有机蔬菜种植为抓手的产业布局，实现了园区集清洁能源利用、现代农业科技展示、荒漠化治理、扶贫创业、三产联动发展于一体的新型农业产业综合体。

闽宁镇处处是广阔的葡萄种植园和林立的酒庄，生态移民为这里提供了葡萄酒产业的劳动力需求。葡萄美酒夜光杯，这里也是世界公认的最适合种植酿酒葡萄和生产高端葡萄酒的黄金地带。

贺兰山下三关口一带，绵延纵横的长城与墩台、烽火台左右连属，实有西控大漠咽喉要道之险。今日三关口虽已经是残垣断壁，但不失当年的雄奇险峻、蜿蜒壮丽，仍可想象当年金戈铁马、烽火狼烟的战争场面。

“雄关漫道真如铁，而今迈步从头越。”虎克之路越野运动公园山体险峻奇绝，近乎无路，吸引了全球的越野爱好者前来体验、挑战极限越野运动，激发无限潜能，超越自我。

青春、活力、安居乐业是新时代永宁展现出的全新面貌，独有的文化与历史是永宁生生不息的底蕴。

大爱之地、和美永宁欢迎你！

左上图　宁夏是西北地区重要的商品粮基地，素有“塞上江南”“鱼米之乡”的美誉。宁夏平原，黄河由南向北流动，宛如玉带，这里沟渠纵横、稻香鱼肥、瓜果飘香。

左下图　太中银铁路永宁黄河大桥位于宁夏银川市黄河上游52公里处，是太中银铁路全线重点控制工程之一，也是目前国内跨越黄河最长的铁路桥。

扫码观看“经典故事”图文专题

唐韵古城·奇秀灵武

LINGWUSHI

灵武，古称灵州，这是一片古老的土地,历史悠久，文化底蕴深厚。古为“游牧之所、骑射之地”，物华天宝、人杰地灵。在这片土地上，星罗棋布着大量的自然绝景和古迹遗存，由此衍生出丰富多彩的旅游资源。这里自然风光独特秀美，大漠、黄河、枣乡、遗址遗迹，瑰美壮丽。

亿年历史，万年文明。公元前191年，西汉王朝在这片神奇的土地始建“灵州”，到今天，灵武已经是一座具有2200多年历史的千年古城。唐贞观二十年（646年），唐太宗李世民于灵州召集少数民族部落首领，共商民族团结大计，自此开辟大唐盛世，描绘出各民族和睦共处、和谐相融的历史画卷。756年，唐肃宗李亨在此登基，开启中兴唐室的宏图伟业。千万年的岁月积淀，造就了这片灵性古朴的壮美山河。

亿万年的时光在这片土地上留下了不可磨灭的印记。谁能想到，这片荒烟蔓草之下，沉睡着一种1亿多年前的生物，这就是被学术界命名为“灵武龙”的恐龙。龙骨旧石，彰显史前大地的独特魅力。灵武恐龙是中国已知蜥脚类恐龙中个体最大的属种，背椎长度超过目前已知的所有恐龙属种，堪称“北半球第一龙”。

扫码观看“炫彩60秒”短视频

灵武湖城夜色　**摄影 / 于华**

灵武素有“塞上江南”之美誉，有着悠久的历史文明，早在3万多年前的旧石器时代晚期，人类就在灵武这片神奇的土地上繁衍生息，是中华民族远古文明的发祥地之一。

摄影 / 周子平

水洞沟旅游景区位于灵武市临河镇，是连接宁夏与内蒙古两地旅游的重要纽带。这里独特的雅丹地貌，记录着4万年来人类的生活记忆和众多智慧成果。它是国家5A级旅游景区，有“中国史前考古的发祥地”、“最具中华文明意义的百项考古发现”之一、“中国最值得外国人去的50个地方（银奖）”等美誉殊荣。

供图 / 灵武国家地质公园恐龙化石遗迹园区

灵武恐龙化石为展现史前生态景观，恐龙种属的繁衍、迁徙、灭亡及地球陆地板块漂移学说，提供了珍贵的实物资料和重要的科学信息。灵武恐龙化石的发现，可以预证，数亿年以前，宁东地区气候温湿，生长着茂密的原始森林，湖泊荡漾，水草丰美，恐龙家族生活安逸，悠闲自得。

灵武高庙　**摄影 / 王凯**

高庙的主要建筑都沿着中轴线分布，层次错落有致，高度逐渐抬升。建筑群的辅助建筑位于中轴线两侧，同样是呈对称分布，将各个主建筑殿堂衬托得越发雄伟壮丽。各个建筑之上的雕刻与绘画精美异常、栩栩如生。整个高庙建筑群精妙而细腻，可以称得上是艺术珍品。

上图　灵武长枣栽培历史悠久，品种优良，果味鲜美，质地酥脆，汁液多，果肉呈白绿色，可食率和营养价值高。被国家农业部认定为农产品地理标志保护产品。

下图　**摄影 / 吕福进**
自然造就了长流水“九曲十八弯”的特质，蜿蜒流淌的泉水在大地上画出一道道美妙的痕迹。当地有句俗话：九曲十八弯，弯弯不一般，这正反映了长流水的变幻莫测、风情万千。

早在4万年前，已有古人类在此繁衍生息。在西北地区唯一展示旧石器时代文化面貌的水洞沟遗址博物馆，可以近距离感受远古人类的生产、生活场景。20世纪20年代在水洞沟进行的考古发掘被考古工作者一直延续至今，沧桑万年的石器记忆，见证着中西方文明的交流与融合。

从史前文明到边塞文化,从雄浑大漠到江南秀色。这里城堡古朴，峡谷幽深。崖壁上的藏兵洞，上下相通，左右相连，犹如迷宫不见尽头，进入这个千百年前的要塞古道，你会为古人的聪明智慧惊叹。

灵武是“中国长枣之乡”，从唐朝开始，灵武长枣就被列为皇室贡品,距今已有1300年的栽培历史。灵武长枣个大肉厚、汁多味美、质地脆甜，是集营养、保健、美容于一体的“果中珍品”，被誉为百果之王。在灵武，可以领略“枣林在城中、城在枣园中”的美妙感受，漫步在世界枣树博览园，周围是具有326个品种的16549棵百年枣树。交错纵横的健身步道、百步一见的文体园地，让人可以随时随地在林、湖、山、水交错的“天然氧吧”中来一场“生态运动”。

好田好水出好米，灵武地处黄河河套灌区，黄河自流灌溉，水质良好。富硒土壤产出富硒稻米。这片灵秀山水的滋味已经走向海内外。灵武地处世界公认的“黄金奶源带”，气候适宜，空气纯净。西北首屈一指的现代养殖基地牛羊成群，在智慧牧场享受“田园牧歌”，喝“一杯健康优质好奶”吧。

扫码观看“两晒一促”8分钟专题视频

灵武兴唐苑又名西湖公园，在这里可以观宏伟的会盟楼，探寻古灵州的历史风貌，可以轻诵一首唐诗，感受历史变迁。

“世界羊绒看中国，精品羊绒在灵武。”羊绒被称为“软黄金”，位于灵武的银川国家高新技术产业开发区是全球重要的羊绒纺织产业基地，也是宁夏首个国家级出口工业产品质量安全示范区。优质原料和先进工艺，让“灵武精品羊绒”成为中国最具潜力的区域品牌之一。

点沙成金，染绿成富。灵武白芨滩国家级自然保护区，地处毛乌素沙地西南边缘。以“改革先锋”“人民楷模”王有德为代表的治沙英雄群体顽强拼搏，用智慧与汗水，锁住滚滚黄沙。战天斗地、百折不挠，灵武人民既防沙之害，又用沙之利，在毛乌素沙漠边缘建起天然林场。畅游白芨滩国家沙漠公园，一边品尝西北最鲜美的泉水羊肉，一边仰望壮美无际的沙漠星空。

地处毛乌素沙漠深处的长流水，一不小心也会让你惊艳。涓涓细流，汇聚成溪，在长达12公里的长流水峡谷河床上奔涌前行。千万别以为长流水只有自然景致，其实这里还是一个释放心情的大型游乐场。沙漠越野、沙漠冲浪，让你体验速度与激情。

灵性山河，用武之地。今天的灵武是开放包容、和谐幸福的灵秀之地。灵武各族儿女创新苦干、激情跨越。在建设黄河流域生态保护和高质量发展先行区的新征程上奋力前行。

唐韵古城，奇秀灵武。期待与您“相遇”！

扫码观看“经典故事”图文专题

SHIZUISHAN

石嘴山

沙湖映贺兰·活力石嘴山

晒石嘴山大河远上

石嘴山历史悠久，秦朝时设浑怀障，西汉时设置第一个行政建制——廉县。因贺兰山与黄河交汇处“山石突出如嘴”得名。这里九曲黄河穿境而过，万仞贺兰山擦边而行。石嘴山湖泊湿地星罗棋布，有首批国家5A级旅游景区沙湖、国家湿地公园、国家水利风景区星海湖等，是“塞上江南”的重要组成部分。这里是生态宜游、好客包容的石嘴山。

左页图　山水园林石嘴山　**摄影 / 哈学军**
石嘴山不仅自然、人文魅力独具，而且是宁夏重要的工业基地，有“塞上煤城”之誉。

扫码观看石嘴山市文化旅游宣传视频

工业旅游目的地·山灵水秀大武口

DAWUKOUQU

这里，山灵水秀。贺兰山滋养了她刚柔并济的气质，星海湖赋予了她俊秀灵动的颜值。

这里，就是大武口，一座以山口为名的年轻城市。大武口是贺兰山怀抱深处的幼子，贺兰山成就了这座工业城市，也孕育了工业文化旅游，吸引着八方来客。

大武口地处宁夏平原的最北端，是石嘴山政治、经济、文化中心。

因煤而立，因业而兴。在三线建设的特殊时期，全国各地数十万建设者抛家舍业，凭借着自强不息的奋斗精神，在贺兰山下治沙酿土、抛石掘水，用满腔的热血灌溉出宁夏工业的未来。

时光飞逝，带走了时代的繁华，但完备的工业体系、丰富的工业资源，为大武口工业旅游奠定了坚实的基础。

大武口洗煤厂，为全国工业建设做出了不可磨灭的贡献。厂区中的宁夏工业纪念馆记录了宁夏工业从无到有、从小到大的艰苦历程，也是无数宁夏人最难忘却的记忆。

那列绿皮小火车，半个世纪以来忠诚地穿梭在城市和贺兰山深处。望着窗外掠过的山石峭壁，耳畔依旧能回响起独属于那个时代的火热旋律。

扫码观看"炫彩60秒"短视频

大武口区是宁夏北部、贺兰山脚下的一座绿色文明之城，是石嘴山市政治、经济、文化、信息中心。

上图　那列绿皮小火车，半个世纪以来忠诚地穿梭在城市和贺兰山深处。望着窗外掠过的山石峭壁，耳畔依旧能回响起独属于那个时代的火热旋律。

下图　**摄影 / 郭志洪**

北武当庙又称寿佛寺，是一座历史悠久、佛道合一的大型寺院。它背靠贺兰山东麓，面迎大武口城区，隐于山林却也接壤尘世。
建寺数百年来几经世事更迭，名声日隆，素有“山林古刹，西夏名蓝”之称。

大武口凉皮

清爽的凉皮，总能带给人们家的味道和温馨的念想。用时间酿制的宁夏凉皮，晶莹剔透，略带淡黄，配以陈醋、辣椒油、蒜末水等十多种调料，对宁夏人来说，这份精致是好日子里的惬意味道。

塞上仙境　**摄影 / 芦有碳**

从地质地貌上来看，石嘴山就像一本分三栏的书。从西往东，书脊自然是伸展至此的贺兰山北段，左栏是山地与山麓洪积平原，中栏是黄河冲积平原，右栏则为黄河以东与鄂尔多斯高原相接的陶乐台地。如此的地理构成，也让石嘴山这本大书自西向东呈现出不同的风格。

上图　经过40余年建设发展，大武口已从昔日的煤炭工业城市逐步发展为新型工业城市。
下图　宁夏工业纪念馆记录了宁夏工业从无到有、从小到大的艰苦历程，也是无数宁夏人最难忘却的记忆。

石炭井，曾经是宁夏最火热的名字。错落有致的厂房、特色鲜明的标语，是历史最清晰的脚印。当手指再次抚摸斑驳褪色的红砖瓦墙，当脚步再次踏上纵横交错的铁轨，仿佛穿越回那个激昂而温暖的岁月。

随着小火车驶入新的站台，大武口完成了华丽的转身。大武口洗煤厂工业遗址公园成为最火的网红打卡地——激情四射的电子竞技，时尚多元的角色扮演，最潮的音乐在厂区回荡，年轻的身影肆意挥洒着青春的热情。

来石炭井工业文旅小镇，在贺兰山间体验越野的刺激，在天空之上体验飞行的快感。集观光、影视、娱乐、运动等为一体的工业旅游画卷，正在徐徐展开。

“贺兰山下第一村”的龙泉村，是全国最美休闲乡村，这里因十二眼天然泉水而得名。

不断奔流的清澈泉水，滋润着百年的核桃树、枣树。自然舒适的风光、绿色有机的美食、独具魅力的非遗文化，无不饱含着回归田园的乐趣。

贺东庄园是宁夏历史最悠久的葡萄酒庄之一。百年老滕孕育出柔和醇香的生命原汁，屡获国际大奖。

以建设生态城市为目标，大武口人民全力治理贺兰山，植树造林十几万亩，打造出了天然氧吧、城市绿肺。漫步林间小道，山水相依、亭台相谐，形成独具风情的塞外园林体系。

每逢秋高气爽之际，漫山红叶层林尽染，如红霞一般扑面而来，蔚为绚丽。站在山巅，在晨光映照下，山上红色的枫叶林带仿佛为贺兰山系上彩色的腰带。

矗立在山间的寿佛寺，是一座名扬周边的千年古寺，有着“山林古刹”的美誉。

作为宁夏富硒土壤核心区之一，这里有随手可得的富硒产品、怡然自得的乡间乐趣，“硒有田园”会让你流连忘返。

兰岳书院

扫码观看“两晒一促”8分钟专题视频

贺兰山云海　**摄影 / 娄广臣**
一场秋雨过后，空气清新，横亘于银川市西边的贺兰山云雾缭绕，如水墨画一般。

如果说贺兰山是大武口的魂，星海湖就是大武口的灵。

星海湖散落一地的粼粼波光，远衬青山如黛，近观沙鸥翩飞。夕阳映照下苇影婆娑，犹如一幅美丽的油画。星海湖边，华夏奇石山亭亭而立。这里集奇石文化、园林景观、演艺康养为一体，展示了国内外50多种奇石，描绘出一幅奇妙的山水人文奇石画卷。

开放包容、海纳百川的城市品格，也完美映射在大武口的特色美食中，最不可错过的就是大武口凉皮。大武口区共有凉皮店近300家，麻、辣、酸、香各有特色，可谓百家百味。

色泽微黄、质地弹润，添上少许的盐、陈醋、蒜汁儿，再加上一勺鲜红透亮的油辣子，酸辣辛香碰撞。今天的大武口凉皮，已经成为大武口又一个面向全国、走向世界的特色名片，成为许多游客念念不忘的味道。

深夜来临，独特的山水民宿、火车酒店、贺兰山宿营，必将为你带来一次难忘的梦境之旅……

目前，大武口正利用得天独厚的工业优势，全力打造独具特色的工业旅游目的地。

欢迎到大武口来，来一次品味历史的回忆之旅、来一次感受生态的休闲之旅、来一次挑战自我的运动之旅、来一次品尝美食的舌尖之旅。

以“全域旅游”建设为契机，宜业、宜居、宜游的大武口，必将以更加美好的姿态，在未来与您相遇！

左上图　贺兰山大武口段
巍巍贺兰山，南北延绵数百公里，到了宁北石嘴山市域段，因此处为引黄灌溉区、农牧分界带，自是别有一番独特意趣。

左下图　归德沟地质公园　**摄影 / 郭志洪**
归德沟沟侧山脊处，或连或缀地分布着古长城、古烽火台遗迹，它们所见证的兵戎鼓角已随风远去，但农耕游牧的文明交融仍延续不断。沟内还发现有贺兰山古岩画遗迹，是古时放牧游猎的北方民族在此探索世事的文明印记。

扫码观看“经典故事”图文专题

山水惠农·青春之城

HUINONGQU

宁夏北，贺兰山与黄河之间，外有边墙一道，明嘉靖十年（1531年），总制王琼于内复筑边墙一道，官军逐弃外边不守，以致内地荒芜。这就是保存至今的宁夏回族自治区惠农区旧北长城遗址。

旧时战事不断，明嘉靖十二年（1533年），敌屡犯镇远关。唐龙大将军率领总兵王效，延绥副总兵梁震，游击将军郑时、彭槭，会兵追击，获胜凯旋。柳门即今正义关北的柳条沟。

诸侯豪强金戈铁马，耳畔仿佛传来战马的嘶鸣，将士们为保护家园、抵御外辱奋力的拼杀声！踏着历史的足迹，感受来自远古的呼唤、绵延千年的民族呐喊，荡气回肠间，仿佛穿越时空。

惠农，因清雍正七年（1729年）钦赐灌溉大渠“惠农渠”而得名，包含施惠于民的含义，有“塞北明珠”之称，地势险要，肥田沃土，是历代兵家必争之地，今朝塞外鱼米之乡。

惠农区脱胎于原石嘴山区与惠农县。从古至今，惠农行政区屡次调整，但无论辖区如何变化，“惠农”这个吉祥的地名却始终不忍弃之。此举虽出自官方，也体现了民意。

扫码观看“炫彩60秒”短视频

惠农区黄河大桥

奔腾的黄河，在流经石嘴山时放慢了脚步，孕育出一个四季皆美的城市。

朔色长天

摄影 / 王聪慧

黄河以其充沛的水源滋润两岸的土地，形成了大面积的河床和漫滩地带，湖泊湿地也顺势形成，在茫茫沙海中孕育了一片富足的绿洲。石嘴山就在这绿洲的环抱之中。

米粮川　**摄影 / 哈学军**
在黄河的滋养哺育下，石嘴山遍布着肥沃的良田，为塞上大地披上了一条锦绣的绿毯。

惠农，是宁夏北境极边之地，自古以来承担着镇守边关的重要任务。千百年来，不屈、顽强、坚守成为生活在这片土地上人们的精神价值和生活方式。

渡口看潮生，水满蒹葭浦。

荷尽覆平池，忘了归来路。

石嘴子码头渡口位于宁夏石嘴山市惠农区黄河岸边，曾是宁夏三大官渡之一，别称风铃古渡，自北魏时期承担了宁、内蒙古、陕、甘、青等地的贸易进出口重任。现如今已成为人们旅游首选的网红打卡地，四洞六嘴和大型浮雕诉说着黄河孕育的古老故事。

清康熙年间，康熙皇帝亲征噶尔丹途经宁夏，曾驻跸石嘴子黄河西岸，就是现在的石嘴子码头。随着时代的发展，石嘴子码头渡口的功能逐渐减退，默默隐藏于时光中，深藏功与名。

60多年前，这里是一片风吹石头跑、寸草不生的戈壁滩，经过几代人的努力拼搏，一座工业新城拔地而起，惠农成为了宁夏工业的发祥地，宁夏第一吨煤、第一度电、第一炉钢均产自惠农，多年的煤炭开采也给城市造成了巨大的伤疤。

面对这个巨大的城市伤疤，崇尚奋斗的惠农人再次行动起来。碎石换土，清杆植绿，截潜蓄水，埋管浇灌，持之以恒14年，将过去的采煤城变成了如今绿草萋萋、水木依依的生态家园。

如今的惠农人，一直用实际行动践行着“社会主义是干出来的”铮铮誓言。银河湾，万亩湿地，遥望贺兰，感受山水交汇的自然之美，采一篮无花果，看一场文艺演出，参加一次篝火晚会，体验特色休闲的旅游文化。

惠农也是一座移民之城，这里会集着五湖四海不同地方的人。

大地天香，赏紫藤花，游玫瑰园，暂逃城市的喧嚣，学做一次玫瑰饼，喝一壶玫瑰茶，给心灵放个假，得一抹时光，享片刻安宁。

石嘴子公园，湖光山色，百鸟翔集，沐浴在阳光下，微风轻拂着脸颊，岁月竟是这般美好。山河依然在，旧貌换新颜，看日新月异之变，由衷一赞。惠农文化之盛，盛在精神。惠农之美，美在走心。

惠农也是一座移民之城，这里会集着五湖四海不同地方的人。窄窄的小巷，斑驳的墙面，低矮的平房，静坐的老人，一切看起来是那么恬静而安详、和谐而自然，温柔了时光。时光仿佛就在小城停歇，保留着时代的烙印和样子。四季变幻，岁月更迭，待到迟暮年，蓦然回首间，岁月苍老了容颜，也淡然了心境；时光斑驳了记忆，也铭记了曾经。

漫步在黄河岸边，凝望着夕阳西下，感受时空交错的荡气回肠。倘若你也来到这座美丽的边陲小城，也会像我一样驻足凝望。所遇即温柔，所见即所得。

扫码观看“两晒一促”8分钟专题视频

漫步在黄河岸边，凝望着夕阳西下，感受时空交错的荡气回肠。

如今的惠农，欢歌盛世，一群群少年，朝气蓬勃，笑容灿烂，脚步轻盈，告诉你世界终究美好，少年的肩担起草长莺飞和清风明月，仲夏夜的惠农，月色温柔，长风一吹，年轻一世。

陶笛早在7000多年前甚至更早就已经出现，泥虽然是唾手可得的天然材料，但碍于音阶制作上的困难，陶笛一直掩埋于历史深处，为许多人所遗忘。如今的惠农，将历经千载演变的陶笛，打造成了富有民族特色的文化名片。来自于大地泥土的交响乐，以指尖滑过红唇，幻化成风，穿过山川与万物，在远方天空之城奏响天籁之音。

黄河多情眷顾的福地，贺兰山呵护的明珠，塞上工业文明的摇篮，天下枸杞的第一村。惠农，古往今来，从不曾止步于此。探寻、发现，她总有鲜活如泉涌般的美景，让你眼前一亮。回望、思量，笛声悠扬，吹回了老移民人儿时的梦，也吹来了一批批风华正茂的少年。

惠农，再青春！

扫码观看“经典故事”图文专题

醉美沙湖·毓秀平罗

PINGLUOXIAN

一汪碧水从天降，瀚海沙漠起平湖。

平罗，这座北方古城，2000年城池更迭，造就了这片2000平方公里热土的雄浑大气、飘逸灵秀。这里沙水共长天一色，还有候鸟从芦苇中振翅高飞，大自然造就了这方美丽的水土，也造就了毓秀平罗。

沙湖，22.52平方公里的沙漠与45平方公里的水域毗邻而居，江南水乡之灵秀与塞北大漠之雄浑融为一体，被誉为“丝路驿站”上的旅游明珠。沙湖是著名的候鸟天堂，每年这里都会举办国际观鸟节，有17目、44科、近200种候鸟云集于此，最多时可达上百万只。

沙水冲浪，寻求穿梭芦苇荡的刺激；百鸟争鸣，找寻野趣天然；驼铃悠悠，感受朔方古意；冬季滑冰，又是不一样的风情。醉美沙湖，风景如画，四季有景。

被誉为西北第一阁的平罗玉皇阁，是目前宁夏保存最大的古建筑群之一，已经有580多年的历史。平罗玉皇阁有16座大殿，风格统一，结构严谨、一气呵成，形成了一处以九脊歇山顶的两层楼阁建筑为中心的木结构建筑群，堪称平地建筑的奇观。

扫码观看“炫彩60秒”短视频

扫码观看“两晒一促”8分钟专题视频

沙湖风光　**摄影 / 贾民湖**

南沙北湖，水绕沙丘，沙湖融合了大漠风光和江南景致，仿若大自然正用其巧夺天工的妙手，将沙与水、刚与柔融合在一起，生动演绎了和谐并蓄的东方之美。

沙湖落日　**摄影 / 徐胜凯**

乘船漫游在沙湖碧波万顷的湖面上，首先映入游人眼帘的是湖面上那一垛垛缀连而生的芦苇丛。每当清风徐来，茂林修竹般的苇荡迷津间，幽幽绿影轻逸摇曳，沙沙叶声清隽悠然。分明身处西北之地，此处却不全如他处那般苍凉雄壮，反若尽显秀美柔软的江南图景。塞上江南风光奇秀，这方沙湖苇荡迷津的清扬画风，让很多真正的江南景致也失了姿色。

平罗玉皇阁已成为宁夏规模最大的古建筑群之一，占地面积5000平方米。它与银川玉皇阁一北一南遥相呼应、相得益彰。

田州塔俗称姚伏塔，傲然耸立在姚伏镇东1公里处，它巍峨挺拔、古朴典雅，悠久的历史和丰富的文化内涵已使其成为银北地区重要的旅游景点。

供图 / 沙湖旅游区
在这片西北辽阔的水域上，一面是碧水荡漾，一面是金沙流淌。伴随着一阵阵清脆的驼铃声，放眼望去，一匹匹骆驼组成的驼队，缓缓地行走在湖边的金沙上，去迎接来到沙湖游玩的游人。

泥哇呜将承载着浓厚历史文化的非遗基地重新“激活”，建立了以研、学、游为一体的传承保护基地，让泥哇呜、民间绘画、剪纸、刺绣、葫芦烙画等非物质文化遗产演奏出新乐章，焕发新活力。

巍然耸立的田州古塔，拔地而起、力擎苍天。塔上砖雕玲珑剔透、异常精美，塔身中设有木质阶梯，还可拾级登至顶层。翰林清风文化展馆，小学生念家风家训：立志大，植品正，察里理。

俞德渊，出生于平罗县头闸镇俞家庄。他官至两淮盐运使，以品德高尚、清廉爱民赢得了极高的声望。他为我们留下了数量颇多的家训文献。今天的平罗由一个历史上的军事边陲小县，已经发展成为文脉源远流长的文化古城。

今天的平罗，处处皆景、步步入画。庙庙湖，被称为沙漠里的“桃花源”。拉巴湖，是宁夏最大的沙漠自驾越野基地，越野车沙漠场地赛、沙漠旅游文化暨首届垂钓大赛等在这里激情上演。

在天河湾国家湿地公园，一幅风光无限的生态画卷铺展开来。按照一轴两带四区的规划，天河湾旅游区将打造黄河湿地休闲体验区和黄河生态林观光体验区。

左图 **供图 / 巍洋菜谱** 沙湖大鱼头肉质细腻，味道十分鲜美，鱼头汤嫩、鲜、肥、白、滑，食过回味悠长。鱼头里含有丰富的胶原蛋白、维生素等，被称为天然的“脑黄金”。

右图 **供图 / 巍洋菜谱** 声名远扬的黄渠桥爆炒羊羔肉已飘香了近百年，大火爆炒、文火慢炖，一盘鲜嫩可口、香味四溢的羊羔肉，让辛苦一天的宁夏人，在温暖鲜香中品味着酣畅的味道。

山海兼程、万种人生。平罗天蓝地绿，水清人和，瓜菜满园，稻米飘香。远道而来，品罢湖光山色，不妨将寻美的目光投向乡野田园、古村闲庭。

平罗最有名的当数黄渠桥羊羔肉。黄渠桥羊羔肉是地理标志，特色美食，堪称一绝，这道菜已经传承了百年。这里还有许多美食让人赞不绝口，成为了名副其实的“带货王”。

塞外风情与江南风韵在这里激情碰撞。随心所向，随梦所往。天蓝地绿间尽享诗意生活，水清人和中遇见醉美沙湖、毓秀平罗。○

扫码观看“经典故事”图文专题

WUZHONG

吴忠

黄河明珠・美丽吴忠

晒吴忠天府锦绣

吴忠市地处宁夏中部，坐落在中华民族的“母亲河”——黄河之滨，是宁夏引黄灌区的菁华之地，自古享有“塞上江南　鱼米之乡”的美誉。吴忠历史文化悠久。公元前214年秦朝始设富平县，也是唐代灵州城所在地，唐太宗李世民曾在这里与西部少数民族首领结盟，古长城、古渠首、古塔群等遗迹丰富,宁夏引黄古灌区被评为世界排灌工程遗产。吴忠区位优势明显。自古就是丝绸之路的重要通道，被誉为“水旱码头，天下大集”。吴忠境内路网密集、交通便利。包兰铁路等4条铁路（银川至中卫城际铁路、银西高铁），京藏高速、青银高速等5条高速公路纵贯市域，距银川河东机场40公里。吴忠物产资源丰富。石油、天然气、石膏等矿产资源丰富。风能、光伏等新能源富集，电力资源充足，是宁夏重要的能源基地。有机枸杞、酿酒葡萄、富硒大米等农产品优质高产，是全国商品粮基地、奶牛养殖基地、酿酒葡萄产业基地和中国滩羊之乡、甘草之乡。吴忠环境优美宜居，属中温带大陆性干旱气候，冬无严寒，夏无酷暑，风光独特，景色秀美。吴忠景点独具特色。黄河大峡谷、黄河楼、盐州古城历史文化旅游区、哈巴湖等景点魅力独特。吴忠先后荣获中国人居环境范例奖、中国优秀生态旅游城市、中国十佳绿色城市、国家园林城市、国家卫生城市、全国双拥模范城、全国民族团结进步市等称号。吴忠经济发展快速，优质粮食、草畜产业、酿酒葡萄规模居宁夏五市第一，奶牛养殖规模化率达到96%，是伊利集团“五大黄金奶源地”之一。吴忠形成了以现代纺织、装备制造、新能源、新材料等为主导的工业体系，成为西北首座创建“中国制造2025”试点示范城市。吴忠全域旅游示范市建设稳步推进，电子商务、健康养老、现代物流、金融保险等新业态蓬勃发展。

左页图　吴忠市地处宁夏平原引黄灌区的菁华之地，黄河穿城而过，是宁夏沿黄城市带的核心区，自古享有“塞上江南 · 鱼米之乡”的美誉。

扫码观看吴忠市文化旅游宣传视频

多彩利通·美味之城

LITONGQU

黄河之水天上来，奔流到海不复回。利通，这座滨河之城，物华天宝，因河而兴，因河而美。

利通人的一天，是从早茶开始的。名为早茶，实则是利通区独有的饮食文化。银川、灵武、青铜峡等周边来办事的、外省来旅游的，早晨一定会感受一下利通区这种独特的早茶文化。

早茶拉面，远不是一碗面那么简单。七八种面点、十多样小菜，配上刚出锅的香鲜牛肉，彰显了利通人对美食的热爱和追求。

说是早茶，自然少不了茶，一碗香气浓郁的八宝茶，在甘洌的黄河水的不断冲泡中，回味无穷。所谓八宝，则尽显天地精华，精选本地上好的枸杞、红枣等上等配料，当下的香醇美味与长久的养生健康有了完美的结合，让利通早茶显得厚重奢华。或独自品味，或亲友共享，谈笑间，和谐真挚的氛围弥漫扩散，幸福欢乐在升腾的热气、晶莹的琥珀色中，变得简单而直接。

利通区，是一个既古老又年轻的城市，是一个赋田的好地方，天下粮仓就西北地区来说，就在吴忠的利通区。

扫码观看“炫彩60秒”短视频

利通区地处宁夏平原中部，是历史悠久的塞上古城。自然条件得天独厚，位于黄河上游，沟渠配套，土地肥沃，素有“塞上江南”之美称。

摄影 / 李光荣 张寡妇黄酒已有百年历史。此酒选用宁夏上等的糯米，加冰糖、藏红花、黄栀子、花椒、人参等原料及水质甘甜清亮的井水，运用传统的秘方酿制而成。张寡妇黄酒色泽艳亮金黄，饮之黏唇蜜口，味道甘甜香冽，喝后余香绵长、沁人心脾，具有独特的风味。

强家老醋是非物质文化遗产，选用宁夏当地优质大米、玉米、小麦、黄豆、高粱、麸皮、大麦、豌豆等五谷经酿、陈、晒，运用传统工艺酿造而成，色泽红褐，香味芬芳，口味酸而鲜甜，并具有特殊的豉香，营养价值极高，具有典型的老醋风格。

采摘作为近年来迅速兴起的新型休闲业态，以参与性、趣味性、娱乐性强而受到消费者的青睐，已成为现代休闲农业与乡村旅游的一大特色。

倾听历史的回声，“灵州会盟”的欢歌犹在耳，“富平三迁”的跋涉不断延伸，秦汉古渠和黄河水车就像饱经风霜的老者，诉说着天下黄河富宁夏的利通传奇。更见证了新时代利通人与黄河息息相依、同生共荣的动人画卷。

“借得秦汉半渠水，春华秋实几千年。”纵横交错，蜿蜒伸展的宏大渠系，布满利通区的万顷田野。就像黄河母亲张开的手臂，温暖而慷慨，润泽了这里的丰饶和希望，为利通坚持绿色发展理念、坚守绿水青山，做了最好的背书。

利通的水果是富硒、是绿色、是有机。

利通还是宁夏唯一大面积种植有着“仙草”之称的灵芝的地方。

不是所有的桃源都在深山郊外，海军生态园、葡源农庄、牛家坊等十几家星级农家乐，就像绿海中的朵朵浪花，激荡着这里的恬静和释然。

最美塞上江南，就是利通田园的模样。优质的牧场，独特的环境，先进的技术，成就了世界公认的黄金奶源地。为伊利、蒙牛、夏进等知名品牌源源不断地提供着高品质的鲜奶。从每头牛的精细养殖，到每一滴奶的极致追求，利通将新鲜、绿色、营养的牛奶送往世界各地。

每一种美味都需要岁月的沉淀，才能让这些平常的食材变成一道道珍馐美味，成为经典。《早餐中国》《舌尖上的中国》让杜优素西施羊杂，成为家喻户晓的名小吃。独特的味道吸引着四面八方的游客，来到这里大快朵颐。利通人把自己对生活严谨的态度，在美食上展现得淋漓尽致，一代代传承并不断开拓创新，多少代人智慧的凝聚、技艺的传承，成就了久负盛名的美味——利通手抓羊肉。

扫码观看“两晒一促”8分钟专题视频

供图 / 巍洋菜谱 香味四溢的地道手抓羊肉，是宁夏人待客必备的乡亲味道。油而不腻、不膻不腥、有滋有味的手抓羊肉，是宁夏人味蕾记忆中永远无法抹去的念想和牵挂。

八宝茶以茶叶为底，配以枸杞、冰糖、桂圆、酸枣、山楂、葡萄干、核桃仁、芝麻等，喝起来香甜可口，滋味独具。

充满烟火气息的风味小吃，寄托着宁夏人悠长的乡愁情怀。红色的辣椒油、绿色的青葱末和香菜末，喝一口鲜汤，吃一口杂碎，味道香醇浓郁，乡愁和美味都在碗里。

选用本地最好的滩羊，当地叫密齿羯羊，第一膻味小，第二肉质既鲜又嫩，秘制的调味料有26种，既增香又去腥。

手抓羊肉并不稀奇，国强、老毛等品牌，早已走出利通，在宁夏餐饮江湖引领潮头，但要品尝最正宗的味道还是要到利通来，随便走进一家手抓店，都会有纯正的体验。其中的秘诀或许就在那一瓢清水、一碟蘸汁当中。

健康养生是利通人最普遍的生活态度。在中华优秀传统文化中，找寻灵感，从日月风雨里凝练精粹。在充满仪式感的翻转腾挪中，通透畅快，妙不可言。在利通区健康产业园，可以深度体验中医理疗、保健康复等养生项目，倾听身体的诉说，感受生命的美妙。

一座城市最有魅力的样子可能就是在繁星下，卸下一天的疲惫，用最直白的方式表达所有的热情，彰显活力。数量众多的烧烤店、音乐餐厅、大排档密布于利通区的大街小巷，光耀美食街、夜妹巷等网红打卡地更是人声鼎沸，无处不在的音乐为这场美食盛典，平添了无尽的浪漫和激情。

听涛涛黄河，看璀璨星空，品味生命的壮美与不朽，微风习习，轻抚心绪，回味城市的烟火和温情，打开心扉，这里就是诗与远方。

银川向南半小时，吃喝游乐在利通。机场高铁到利通仅17分钟。在利通，品味宁夏，放飞心灵。

利通，明天见！

扫码观看“经典故事”图文专题

最美塞上江南

供图 / 图虫网

“借得秦汉半渠水，春华秋实几千年。”纵横交错，蜿蜒伸展的宏大渠系，布满利通区的万顷田野，就像黄河母亲张开的手臂，温暖而慷慨，润泽了这里的丰饶和希望，为利通坚持绿色发展理念、坚守绿水青山，做了最好的背书。

锦绣新灌区·魅力红寺堡

HONGSIBUQU

“山高蠡屹立，叠翠成重峦。”位于宁夏中部的罗山，古代又称蠡山，因其形如螺而得名。海拔2600多米的罗山，与黄河遥遥相望。与贺兰山两相对峙，是宁夏中部重要的生态屏障。如今，在罗山脚下，绵延数十公里的生态画廊，以她独特的地理坐标，展现在人们面前，她就是“锦绣新灌区，魅力红寺堡”。

这里是宁夏扶贫扬黄灌溉工程扬黄三泵站渡槽。50多公里外的黄河水，经过四级扬水提升了300多米，源源不断地输送到了红寺堡，浇灌着这里70多万亩的宁夏农业新灌区。

每一个来到扬水泵站的人，都会被气势如虹的输水管道所震撼，父老乡亲祖祖辈辈盼望喝上黄河水的梦想已经成真。

罗山缘聚八方人，黄河水富万顷田。21世纪初，宁夏扶贫扬黄灌溉工程的建成，唤醒了罗山脚下这片沉寂的土地。宁夏南部山区八个县23万贫困群众先后搬迁到这里，建成了全国最大的生态移民集中安置区，昔日的荒漠旱塬，如今变成了名副其实的绿色家园。

扫码观看“炫彩60秒”短视频

从高空俯视，罗山像一座被旱海包围的绿岛，故有“旱海明珠，荒漠翡翠”的美称，它涵养水源、防风固沙，为宁夏中部干旱带撑起一把生态“保护伞”。罗山呈南北走向，绵延50多公里，最高峰“好汉疙瘩”海拔2624.5米，这在宁夏境内已经算是比较高大的山峰了。

红寺堡移民旧址

从20世纪90年代末开始，移民开发建设的号角唤醒了红寺堡这片沉睡的土地，改写了23万移民的命运。特别是党的十八大以来，红寺堡儿女在脱贫攻坚中艰苦奋斗、锐意进取，在共和国年轻的县级行政区版图上，绘就了一幅壮美的小康画卷，让亘古荒原从此“换了人间”。

“中国葡萄酒第一镇”的美誉，不仅使特色产品成为旅游者最心仪的馈赠佳品，更带火了红寺堡的文化旅游。

“问渠哪得清如许，为有源头活水来。”红寺堡是黄河水浇灌出的一片处女地，黄河是她生生不息的根脉，文化则是她枝繁叶茂的源泉。寻着历史的根脉一路走来，红寺堡正从悠远的过去走向希望的未来。

秦汉时期，红寺堡分别属于北地郡和安定郡，那时就有移民迁徙到这里。到了宋朝，这里已经成为多民族融合聚居之地。

明武宗正德二年（1507年），因三边战事频繁，为构筑防御体系，朝廷派宁夏总兵郑廉修筑红寺堡城，作为军事驻防之地的作用一直延续到20世纪90年代红寺堡开发建设初始。如今，散落在红寺堡境内的烽堠还有24处。

一声声酣畅淋漓的秦腔，吼出了周秦汉唐、乡音乡韵，也吼出了移民群众难以割舍的乡土、乡情和对幸福新生活的美好憧憬。

这里的移民旧址是一份历史的记忆。扬黄灌溉让昔日的荒漠变成了今日的绿洲；禁牧封育、生态保护让这里的环境变得越来越好；产业发展、脱贫攻坚让移民群众过上了好日子。

充足的阳光、纯净的空气、富硒的土地，使红寺堡成为酿酒葡萄、黄花菜、枸杞、硒甜瓜、滩羊和肉牛养殖等特色产业发展的绝佳之地。

“中国葡萄酒第一镇”的美誉，不仅使特色产品成为旅游者最心仪的馈赠佳品，更带火了红寺堡的文化旅游。

每年在罗山脚下举行的“全国航空航天模型锦标赛和自行车越野赛”是红寺堡一道流动着的风景，它与葡萄酒文化这张金色名片交相辉映，让特色产业和文化旅游碰撞出最闪耀的高光时刻，也为红寺堡塑造了一个长久的文化节庆日。

一把烙铁，一个葫芦，倪建成把祖辈传下来的葫芦烙画带到了新家红寺堡，他的手艺不仅惊艳了人们的目光，更让无数的游客流连驻足，品味与众不同的红寺堡。

扫码观看“两晒一促”8分钟专题视频

山中绿意甚浓，青海云杉、油松等高大的树种广布。漫步其中，树叶摇曳发出沙沙细响，阳光从树叶的间隙中漏下来，抬头看，云杉林直插天际，难以看清顶端。天气晴朗时，缓缓飘动的白云在山坡上投下阴影，树林深处鸟声婉转，令人心旷神怡。

文化是城市的灵魂，乡愁是文化的牵系。近年来，红寺堡用心培育文创品牌，延续了千年的烙画、刺绣、剪纸、宫灯和高台社火制作等非遗文化呈现出绵延繁盛的文化神韵。老百姓喜爱的秦腔、武术、太极拳等文体活动，“唱”出了浓郁的乡音，“打”出了万般的柔情。这里的移民以海纳百川的胸怀，将各自的乡愁融进了这片激情燃烧的土地，在新家园里找到了真切的归属感。

跨越式的发展在更广阔的空间奔跑，尤如盛开的花朵绽放着美丽与希望。生态环境的极大改善，成为红寺堡可持续发展的有效资源和子孙们的“绿色银行”，这是丰稔的土地对于辛勤劳作的人们最丰厚的回馈。

此心安处是吾乡。红寺堡，这片生长着希望、承载着梦想的土地，20年风雨兼程，20年筚路蓝缕，昨天留给我们太多的感动；今天令我们无上荣光。红寺堡，正以生态的活力和勃勃的生机，张开臂膀诚邀八方来客。

2020年6月8日，是一个让红寺堡人铭记的日子。这一天，习近平总书记亲临红寺堡弘德村看望那里的移民群众。他亲切的关怀、温暖的话语，鼓舞着红寺堡人建设美好新生活的信心和决心。我们有理由相信，希望与财富一起长高的红寺堡，明天的发展会更美好！

红寺堡区空域开阔、山川交济，是飞行体验、空中观光以及试飞训练、飞行表演的绝佳之地。

扫码观看“经典故事”图文专题

红色同心·魅力旱塬

TONGXINXIAN

嘹亮号角从这里响起，唤醒中国；红色故事从这里传扬，书写激情；民族情谊从这里生发，融入血脉；绿色梦想从这里腾飞，迎风起舞；同心，一个读懂心灵的地方。

每个中国人都很熟悉这个身影，挺拔坚强的英姿，洋溢着朝气阳光的面容，昭示青春中国的到来。但你知道吗？这张经典照片就诞生在这里，宁夏同心。

1936年，就是在豫旺堡的城头上，美国记者艾德加·斯诺捕捉下历史的瞬间。无声的照片有一个响亮的名字——“抗战之声”。世界第一次听到红色中国的号声，第一次认识觉醒奋进的中国人。

斯诺在同心，读懂了红色的心灵。他在陕甘宁革命根据地采访的三个多月时间里，有一个多月时间都是在同心。翻开他的名著《红星照耀中国》，有1/3的内容都是在同心采访完成。

一颗颗心灵的汇聚，迸发出改变中国的力量。1936年，红军为开辟陕甘宁革命根据地展开西征。11月，红军一、二、四方面军，在同心再次胜利会师。将星云集，同赴战场，走向更深远的历史舞台。

也是在这一年，在同心的大地上诞生了中国第一个红色民族区域自治政权——陕甘宁省豫海县回民自治政府，开创了我国民族区域自治的先河。

扫码观看“炫彩60秒”短视频

摄影 / 苏克文

同心红军西征纪念园是全国100个红色经典旅游景区之一，是国内唯一以红军西征命名的纪念馆。

同心大寺积淀了600多年的心灵时光，心与心的交会，浇灌出赤诚相待、携手同行的兄弟情深。

这里是宁夏的地理中心，自古就是农耕文明与游牧文明的交会点。康济寺塔祈福平安，庆王行宫触摸乡愁，下马关俯瞰沧桑。走进保存完好的一座座古城，可以沿着时光足迹，踏访苍劲雄浑的西北故事。

共看明月应垂泪，一夜乡心五处同。边关烽火、金戈铁马、鼓角争鸣都消失在岁月的长河中。

同心人对幸福的祈愿与追求，质朴、率真。这里的国家级非物质文化遗产——莲花山青苗水会，用深情的歌声、欢快的鼓乐，盼望丰收、向往美好。

塞上炊烟、色彩纷呈、挥洒阳光，酝酿出激扬文字的诗意同心。作为中国诗歌之乡，同心人把艰难和希望打磨成一首首生命之歌。

红色生命，在同心还有另外的表达。

同心，拥有全国规模最大的有机枸杞集中连片种植基地。14万亩枸杞连绵不绝，饱含阳光和健康的枸杞产品不断带来新的惊喜。

高端，是同心农产品的特质。清水河两岸无污染的富硒土壤，充足的日照赋予了同心枸杞无可替代的高品质，也孕育了获得中国枣业金奖的同心圆枣。

这片百年老枣林，见证了同心圆枣的前世今生，皮薄肉厚，维生素含量高，延年益寿、补气养血。同心圆枣被评为中国国家地理标志产品。

扫码观看“两晒一促”8分钟专题视频

康济寺塔 **摄影 / 李鹏**

坐落于宁夏同心县韦州古城内的康济寺塔是一座平地而起的八角形密檐式十三层空心砖塔。塔身成刚劲有力的抛线外轮廓，显得凝重柔美，体现了我国早期密檐式佛塔的风格。

旱塬梯田

摄影 / 苏克文

阡陌交错，梯田层叠，线条蜿蜒，一场大雪覆盖了黄土塬上的梯田，宛如水墨画。

搅团是宁夏，尤其是宁夏南部人民的最爱。

左图　同心王团北堡子是一座由黄土夯成堡墙围起来的四方宅子。是红军西征途经同心县的一个革命旧址，也是民族团结进步的象征。
右图　**摄影 / 孙晓莉**　同心大寺是宁夏现存历史最久、规模最大的建筑之一，始建于明万历年间。

同心就像眼前的黄土地一样，朴实无华却又生机勃勃，只要有了阳光雨露，就能孕育出无限可能。捧起泥土，就捧起了希望。

今天更多的美丽心灵在同心萌发、延伸。昔日干涸的黄土旱塬，今天繁茂的绿色天地，罗山葡萄酒产业蓄势待发，中药材、食用菌、小杂粮、芦笋、文冠果，特色有机农业酝酿着浓郁的同心味道。袅袅轻烟，幽幽雅香，永春香技艺从福建落户同心，传承300多年的匠心带来不一样的新鲜。

同心的心灵故事，有勇敢、有坚守、有期盼，更有律动与勃发。黄谷川冰雪旅游节、趣味运动会、徒步赛、自驾游、钓鱼大赛等活动热闹非凡，全域旅游新图景呼之欲出。

同心，每一处都有自己独特的个性与丰饶的财富。历史的沉淀、自然的馈赠、世代同心人的奉献与付出赋予她丰富的发展潜能，让我们一起，从心出发，同心协力！

扫码观看“经典故事”图文专题

塞上耀明珠·秀美青铜峡

QINGTONGXIASHI

天下黄河富宁夏，塞上明珠青铜峡。黄河岸边、稻花香里、贺兰山下，处处皆诗意，遍地是物华，青铜峡这颗耀眼明珠，璀璨夺目，熠熠生辉。

“河流九曲汇青铜，峭壁凝晖夕照红。”相传，大禹治水曾来到此地，劈山成峡，色如青铜，青铜峡由此而得名。从此黄河水得以疏通，滋养沃野，润泽后世。

青铜峡因黄河而兴、因黄河而美、因黄河而富。在这里，赏奔涌黄河、思悠悠古今，塞上明珠美景尽收眼底。

牛首山与黄河水在这里相遇，自然与人文在这里辉映，十里长峡十里景的黄河大峡谷，尽揽大河奔涌的壮美风景和美丽传说。漫步塔林之间，涤荡心中烦恼，这里每一段尘封的历史，都牵引着人们的目光和追溯的步履。

始建于西夏时期的108塔，依山势自上而下，布局奇特，气势雄伟，隐藏着神秘王朝的尘封往事。

青铜峡，是引黄灌溉古渠系的发源地，九大古干渠汇聚于此，2017年被纳入世界灌溉工程遗产名录，实现了宁夏世界遗产零的突破。千百年来，古渠润育着塞北江南千里沃土，拉开了宁夏平原农耕文明的序幕，孕育了灿烂的黄河文化，使“塞北江南”的美誉传颂千载。

扫码观看“炫彩60秒”短视频

夜晚黄河楼的外观是当地一道亮丽的风景。楼外体装饰有各种各样的霓虹灯和射灯，夜幕降临后，这些灯光先后亮起，将黄河楼装扮成一颗耀眼的明珠。无论在市里的何处，抬头都能看到远处的这座高楼。黄河楼连同青铜峡市整个黄河文化景区一起，既继承了源远流长的历史，又代表了当下的时代精神，一同拱卫着青铜峡市的明天。

宁夏引黄古灌区

摄影 / 牟将

宁夏引黄古灌区是我国最古老的水利工程之一，与古代的都江堰并列，素有“南有都江堰，北有青铜峡”的美誉。自秦、汉以来，青铜峡渠系纵横、奔流不息，秦渠、汉渠等九大干渠汇集于此，主干渠总长超过1200公里，润泽黄河两岸，灌溉沃野千里，滋养亿万百姓。

好葡萄酒是种出来的。独特的光、土、水、气等自然条件，使青铜峡甘城子成为高端葡萄酒的绝佳产区，形成了集葡萄种植、酿造、品鉴、休闲旅游为一体的产业发展格局。

古渠一脉润千年。作为中国历史上唯一一座闸墩式水电站，青铜峡水利枢纽的建成，结束了宁夏2000多年无坝引水灌溉的历史，守护黄河安澜，福泽万千百姓。

穿过一条条水渠，潜入一片片稻田。稻花香里描绘着动人画卷，诉说着物阜民康。

青铜峡水稻种植历史已逾千年，其中尤以叶盛地三村所产稻米为佳。米粒大而饱满，晶莹透亮，香气馥郁，在清代就被列为宫廷贡米。

顺应天时，借助地利，青铜峡人种出了全国闻名的有机绿色水稻。地三贡米，才下舌尖，又上心头，总会不经意间勾起人们记忆中的乡愁。

良田美池万千顷，鱼米之乡百姓欢。沉稳宽厚的黄河水，孕育出青铜峡秀美乡村浓郁的风土人情，造就了独特的塞上田园风光。晶莹剔透的大青葡萄挂满枝头，特色农家味道传递着悠然情致，在田园乡野中打开心扉，对话自然，心旷神怡。

一村一景，一村一韵。走进青铜峡美丽乡村，暂且放下都市的喧嚣，回归自然，去追寻内心深处的呼唤。

一万多年前，人类在鸽子山狩猎游牧、繁衍生息，书写下璀璨的史前文明。那些散落在时间记忆中的历史碎片，向人们展示了古人类的生存画卷，诉说着远古时期的传奇故事。

如今，酿酒葡萄为这片文化遗址赋予了崭新的生命，勤劳的青铜峡人用智慧与汗水在金色的大地上收获着紫色的希望。

好葡萄酒是种出来的。独特的光、土、水、气等自然条件，使青铜峡甘城子成为高端葡萄酒的绝佳产区，形成了集葡萄种植、酿造、品鉴、休闲旅游为一体的产业发展格局。

这是一次酒庄寻味之旅，更是一场心灵放松之旅。在这里，品一杯具有宁夏风土的葡萄美酒，尽情享受美好的闲逸时光。

这里是黄河上游丝路古道诗情画意之地！

这里是中国西部宁夏平原美丽富庶之地！

塞上耀明珠，秀美青铜峡。

扫码观看“两晒一促”8分钟专题视频

扫码观看“经典故事”图文专题

青铜峡大米

青铜峡水稻种植历史逾千年，青铜峡大米在清代曾居“贡米”之列，被誉为“朔方贡米”，又被称作“珍珠米”。大米观之颗粒修长，有羊脂玉色泽，口感筋道，粒粒皆香，即使不配菜，一碗白饭也吃得喷香。

老苗月饼

有一种品尝，是流进味蕾的甜蜜。老苗月饼不仅宁夏人爱吃，国内许多城市的人们都在吃，老人、孩子一口一口品尝，就是在这样的一种延续中，老苗已然成为宁夏人难以抹去的情怀。

摄影 / 李鹏

青铜峡水利枢纽工程的另一个更为人熟知的名字是“青铜峡水电站”，位于黄河上游，于1958年开工建设，也是中国唯一的闸墩式水电站。它既保障了宁夏的生产生活用水，又提供了充足的电力。

黄河大峡谷十里长峡　**摄影 / 李鹏**

“天下黄河富宁夏，塞上明珠青铜峡。”青铜峡地处宁夏平原中部，因大禹治水、劈山成峡名扬天下。贺兰山与黄河在这里相遇，自然风光与人文景观交相辉映。

108塔

摄影 / 史妍凝

108座宝塔整齐地排列在山坡上，组成一个建筑群，占据了整整一面山体的空间，因此从很远处便可以看到。宝塔从上往下，按1、3、3、5、5、7、9、11、13、15、17、19的奇数形式排列成12行，形成了一个等边三角形，刚好是108座。

摄影 / 陈少林
青铜古镇是黄河滩以外另一处后期人工规建而成的景点。景区内以仿明清时期古建筑为主。

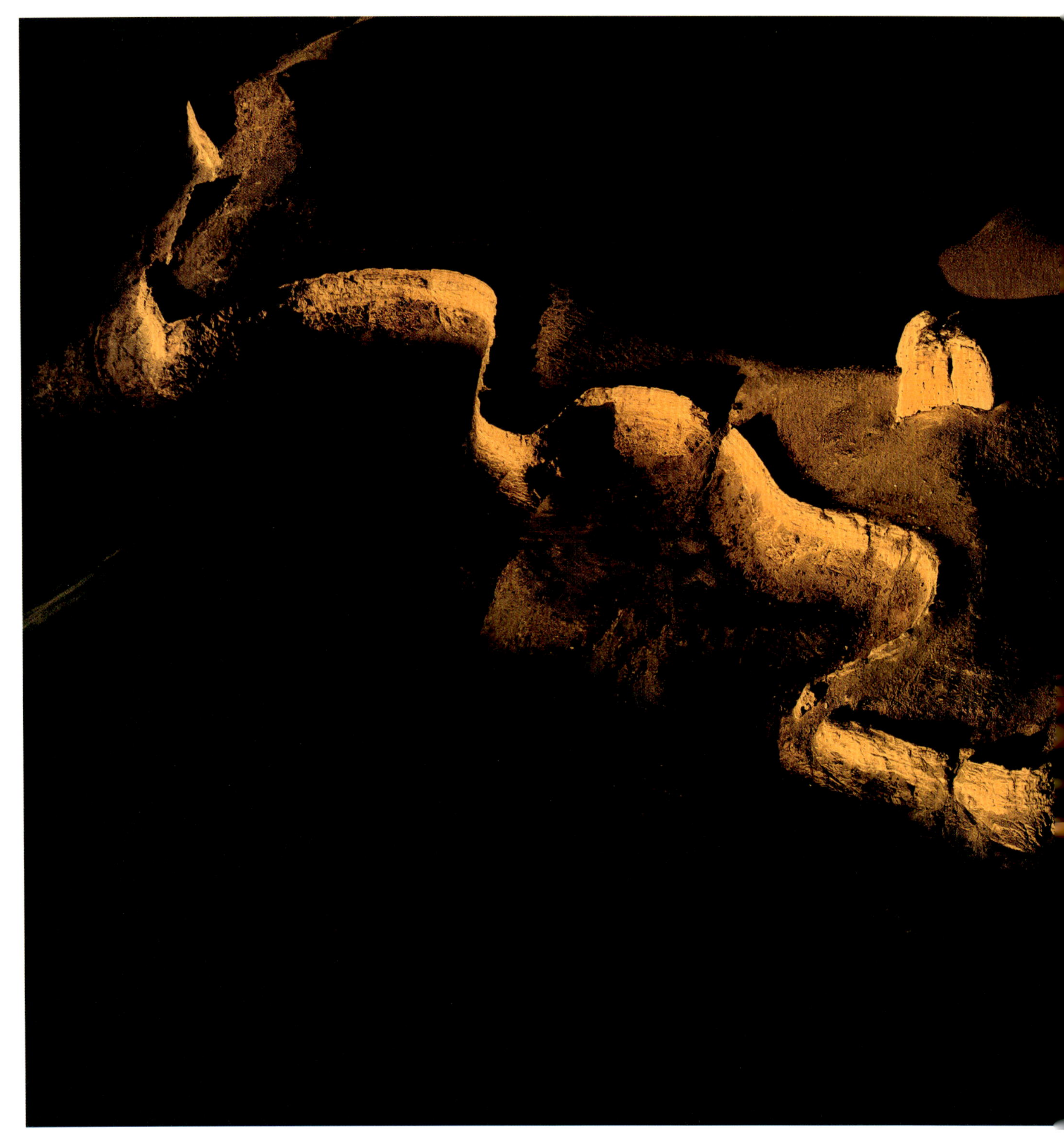

三关口长城　**摄影 / 芦有碳**
在宁夏与内蒙古交界处，有一个叫作三关口的地方，这里还有长城遗迹存在，跨公路的两旁，北边的长城都在山上，依着山势而建，显得雄伟大气，沿着长城的城垣向上漫步，仿佛走向蔚蓝色的天空。

滩羊之乡·激情盐池

YANCHIXIAN

这里曾经风沙侵袭，如今绿杨著水、青草依依；这里曾是边陲苦寒之地，如今物产丰饶、文明宜居；这里一度属于集中连片特困地区，如今已在宁夏率先脱贫摘帽，朝着全面小康的目标砥砺奋进。这里，就是宁夏东大门，盐池。

想要看清盐池的变化，需要一个更高的视野！

在天边、在云端，纵身一跃——这本是勇敢者的游戏，但在盐池，你也可以！人生的舞台，本就以天地为界。

从空中看，盐池的历史脉络更加清晰。

这座因盐而生的古城最早可以追溯到战国秦惠文王时期，昫衍是她最早的名字。

“城盐州，盐州未城天子忧。”唐代诗人白居易用一首《城盐州》为盐池打Call，并道出了盐州的重要地位。

绵延259公里的隋、明长城像血管一样，勾勒出盐池的过往与今生。两道长城并驾齐驱的场面，国内罕见。

“危楼百尺跨长城，雉堞秋高气肃清。”在这里，长城留下了唯一一座以自己的名字命名的雄关——长城关！从此盐池“绝塞平川开堑垒……不用兵屯细柳营”。

扫码观看“炫彩60秒”短视频

扫码观看“两晒一促”8分钟专题视频

黄河九曲龙门阵 **供图 / 中共盐池县委宣传部**

集古老的黄河文明、悠久的边塞文化、醇厚的滩羊文化、独特的民俗风情为一体，展现在宁夏的东大门，成为盐池县文化旅游响亮的名片。“游九曲”是当地老百姓酷爱的大型群体性游乐活动。

荒漠明珠哈巴湖

供图 / 视觉中国

夜幕降临时，白天的燥热不复存在，浩瀚的星空悬在头顶上方，在视线的尽头垂下来与大地相接。在这样的环境中，只能感慨人类的渺小，有“寄蜉蝣于天地，渺沧海之一粟”之感。

站在古城墙上“夜阑卧听风吹雨，铁马冰河入梦来”，如梦似幻。

盐池是革命老区。1936年，盐池建立了宁夏第一个县级红色政权。盐池是一块力量与浪漫并存的土地。在这里诞生了革命长诗《王贵与李香香》；盐池，曾被认为是陕甘宁边区的经济中心之一，从这里出产的食盐、皮毛等货物，被源源不断地运往延安和其他革命根据地。

盐池用它的默默无闻为中国革命的轰轰烈烈做出了突出的贡献。80多年过去了，老区的精神代代相传，改变的是盐池的风貌，不变的是红色的基因。

你或许很难想象，20年前，盐池75%的人口还生活在沙化区，经过一代又一代人的努力，现在的盐池，已经找不到连片的明沙地。

但沙漠那狂野的力量，却在这里转化成了另一个版本的速度与激情。

在森林里、在草原上、在长城边，驾车纵横驰骋，是盐池独有的越野体验。沙漠，这道事关进与退、生与死的选择题，被盐池人用坚韧改奏成了“绿水青山就是金山银山”的命运交响曲。

朋友，你的回忆里有乡愁吗？如果有，黄花菜足以解忧。“莫道农家无宝玉，遍地黄花是金针。”黄花菜又叫忘忧草、母亲花。在盐池，它还是老区人民的“致富金花”。每到7月，“母亲花开、忘忧盐州”已经成为盐池一大盛景。

张家场古城（汉） **摄影 / 薛月华**

上左　花马池古城（明）　**摄影 / 徐胜凯**

位于盐池的花马池古城修建于明正统八年。从2014年开始恢复修建了瓮城、魁星楼、城楼、箭楼、角楼等。夏日晴空下，昔日的边塞古城堡，如今斗拱交错、雕梁画栋、朱漆艳丽，显得格外端庄优美。

上中　**摄影 / 薛月华**　259公里隋、明长城蜿蜒起伏、气势磅礴，讲述着古老的传说。

上右　盐池航空嘉年华

下图　**摄影 / 李光荣**　13年的革命历程让革命老区盐池县涌现出一批可歌可泣的革命故事，李季1945年在盐池县创作的长诗《王贵与李香香》，被梁寒光改编成歌剧于1952年走出国门，走向世界。

盐池长城关

万里长城，如勇猛长龙一般守护着华夏大地。华灯初上，关楼在暮色中极为璀璨，恍如是沉睡的历史醒了一般，它打开了一道门，令今天之人看到当年“长城关”的雄伟壮观。

黄花菜在我国已有2000多年的栽培史，自古以来就是一种美食。黄花菜花蕾呈细长条状，黄色，有芳香气味。其花瓣肥厚，色泽金黄，香味浓郁，食之清香、爽滑、嫩糯，常与木耳齐名，为“席上珍品”。

这里蜜源丰富，有“中国甘草之乡”之称，以天然野生植物甘草、老瓜头、苦豆、枸杞等优质蜜源为主，还有大量的洋槐、枣花、荞麦、苜蓿、葵花、党参等蜜源。

说起百吃不腻的羊肉，还得数盐池滩羊肉。从整理出的1965年以来最纯正的滩羊家谱，解读基因“密码”，用DNA为滩羊画像，只为保留那一口最正宗的味道。

来到盐池，一定要参加盐池的滩羊美食节。一锅清水、一把盐，高端的食物懂得如何保留食材本身的味道。

龙门游九曲，这个极富宁、陕、甘、内蒙古四省区人民生活气息的“民俗嘉年华”在盐池被重新定义。“九曲龙门走一走，轻松活到九十九。”过去与未来在这里交相辉映、传统与现代在这里生生不息。

盐池之盛，盛在守正；盐池之美，美在创新。在盐池，不仅可以吃到一锅地道的羊肉，感受一次“不到长城非好汉”的激情，来一场“天与地”的穿越，还可以在革命老区体验激情燃烧的岁月，在母亲花开的时节，来一次忘忧之旅，在传统的民俗里追忆一次遥远的乡愁。

这里的微笑比较持久，这里的握手比较有力。

来吧朋友，我在盐池等你！

左页图　盐池滩羊肉以其优良品质入选G20杭州峰会、厦门金砖国家领导人会晤和青岛上合组织峰会的国宴食材，引起餐饮业和高端消费群体的关注和青睐。

扫码观看“经典故事”图文专题

GUYAUN

固 原

天高云淡六盘山

晒固原红绿文化

固原是黄土高原上的历史名城。固原建城可追溯到公元前114年，是丝绸之路必经之地，明代九边军事重镇之一。固原“左控五原，右带兰会，黄流绕北，崆峒阻南，据八郡之肩背，绾三镇之要膂”“回中道路险，萧关烽候多”，是历代兵家必争之地。固原地处黄土高原上六盘山北麓清水河畔，位于西安、兰州、银川三省会城市所构成的三角地带中心。固原是中国四大马铃薯种植基地之一，是中国北方特色苗木基地、西北特色农产品集散中心，又是丝绸之路经济带产品基地示范区、著名红色旅游城市、全国十佳生态休闲旅游城市。春赏醉美花海，夏享爽爽清凉，秋观层林尽染，冬品水墨画卷。这里是萧关烽烟、丝路驼铃的固原……

左图　固原是丝绸之路必经之地，地处西安、兰州、银川三个省会城市构成的三角地带中心，是国家179个公路交通枢纽之一。

扫码观看固原市文化旅游宣传视频

丝路重镇·魅力原州

YUANZHOUQU

“平川落照连秦苑，古道炊烟覆驿楼。”明代诗人胡安将500多年前原州的形象封存在诗句里。然而，来到原州，还有很多遇见历史、打开时空的方式。

蜿蜒如龙，指向天际的秦长城遗址，从东向西，横贯原州。公元前272年，即将统一中国的秦国，在这里修筑长城，完成了向西抵御匈奴、向东征服六国的战略布局。历经2000多年风雨，长城已经成为原州的文化符号和精神象征，凝聚着各民族自强不息的奋斗精神，赋予了原州蓬勃发展的绵延力量。

在原州，今天仍然完整保存着战国秦长城遗址。秦长城的修筑，决定了原州从此成为中国西部的交通枢纽，此后2000多年来，这里一直是文化交流、民族交融的重要节点。

原州，是南越六盘山、东进关中、西出河西、北上河套的交通枢纽和战略要地。公元前173年，张骞从原州经过，向西而行，走向戈壁草原、茫茫大漠，在他身后，丝绸之路徐徐展开。从此，欧亚文明的大河穿越风雨，在原州这片土地上奔腾不息，带来了深厚而丰富的文化积淀。

扫码观看“炫彩60秒”短视频

登上山顶环顾四周，极目远眺，三区景观可收眼底。老城、新区被群山环绕，有“山中有城”的感觉；古雁岭又在三区中间，从而形成了“山中有城，城中有山”的奇观。

云海、雾凇、三教合一，东岳山自古以此三绝著称西北。在日彩初炫的早晨，自山门拾级而上，漫步在孔子庙、大雄宝殿、观音殿、石佛寺、药王洞、玉皇楼之间，心灵已渐澄渐空。登上九台，置身峰顶，举头四顾皆云蒸霞蔚，气象万千。“九台十八院，七十二大殿”的红墙碧瓦、花红柳绿缥缈在云雾缭绕中，若隐若现。游客恍如置身仙境，不觉有凌云之思，飘然作神仙之想。

◀◀◀

须弥山石窟被称为丝绸之路东段北道上西去的第一凿，距今已有1500多年的历史。现有石窟162窟，造像362尊。脚下的这条小路，是古丝绸之路的一部分，这些被时光打磨的山石上，至今仍留存着栈道护栏的遗迹。曾经有无数驼队在这条路上穿行，把不同文明的创造带给世界分享。

声声驼铃取代了刀光剑影，交流互鉴代替了强权征战。在原州发掘的丝路宝物，见证了人类走向文明的脚步，也为今天的人们带来深沉的启迪。改变世界的原力不是你有我无的争夺，而是团结互信、平等互利、合作共赢的丝路精神。

岁月流转，沧海桑田，历史演进的车轮，从来不会错过原州这片土地。1935年金秋时节，六盘山巅，走来一支头顶红星的队伍。毛泽东同志亲自指挥中央红军打响青石嘴战斗的枪声，历经长征的艰苦磨砺，红色军队跃马扬鞭，改变了整个中国的命运。

经过青石嘴战斗，红军取得了长征到达陕北前的最后一场胜利，一举缴获大批补给物资和200多匹军马，并创建了工农红军第一支骑兵侦察连。可以说，红色骑兵就是从这里出发，驰骋疆场，冲锋陷阵。

行走在原州这座千年古城，既能倾听乘着六盘山山风回旋的伟业长歌，也能在很多地方与浸润着年华质感的文化之光不期而遇。

一木、一楼、一座城，原州民间古建筑技艺精湛，有温度的手艺传承了建筑文化的审美与智慧。土、木、砖、石，随处可寻的简单材料，匠心独运的榫卯结构，创造出大巧若拙、朴实灵动的原州民居。

左上图 **摄影 / 徐立刚**
须弥山特有的丹霞地貌、绵延千年的造像历史以及古老西域的神秘色彩，造就了富于变化、耐人寻味的须弥山石窟群景观。

左下图 东西方文明在这条路上来来往往，在固原大地遗留下千年的遗产，成就了与宁夏博物馆齐名的国家一级博物馆——固原博物馆。

扫码观看“两晒一促”8分钟专题视频

左图 **朝那鸡** 朝那鸡具有耐粗饲、宜放牧等特点，烹煮后肉质鲜美、香味浓郁，可与当前风靡港澳的南方优质黄羽肉鸡相媲美。
右图 **窝窝头** 窝窝头是一种绿色、美味、营养、健康的美食，因粗粮对身体健康很有好处，广受人们的喜爱。

固原羊羔头

羊羔头选料新鲜，成品颜色亮丽、软嫩醇香、肉质酥烂、不膻不腻，筋皮油润甘香，吃起来柔韧适口。

原州区红庄乡毛庄村

摄影 / 白占萍

“望得见山、看得见水、记得住乡愁”的诗意与远方，在这里显得别有滋味。毛庄村风景宜人，空气清新，民风淳朴，形神俱妙，节奏舒缓，是适合慢旅行的栖息地。

多彩山村 **摄影 / 黄双庆**

晨间漫步，若恰逢雾气升腾，可看到梯田在缭绕的云雾间若隐若现，缥缈悠然，宛若置身云海仙境。若在仙境中静静地徜徉一番，内心可觅得一片祥和与宁静。

原州老街保留了完整的历史风貌。这里的一砖一瓦，一座桥、一条街，都品得出西北古城的原汁原味。

拂过厚重的历史，走进市井的街巷，2000多年民族融合、文明交会和东西方物种的交流，使得原州不断推出丰富多彩的美食。既有西部的粗犷，也有东部的细腻。

今天，更多的原州味道在阳光下孕育。绿意盎然的蔬菜地，无土栽培的温室大棚，自动化的育苗车间，智能化的冷链运输，走进原州，这个“中国冷凉蔬菜之乡”在黄土塬上书写着现代农业的传奇。

原州海拔高、气温低、昼夜温差大，生产的蔬菜品质纯正，后味甘甜。原州地处六盘山和黄土高原交界地带，气温低、日照强、无污染，冷凉蔬菜从田间到餐桌，确保安全健康。原州不仅为您准备了文化盛宴，还有不能错过的绿色大餐。

发展绿色产业，助力乡村振兴，古原州奏响新时代壮丽前行曲。带着精深博大的情怀，带着凛然不屈的风范，带着深厚宽广的底蕴，带着从容祥和的心态，带着不断向前的追求，从遥远的历史走来。

来到原州，不仅能够倾听悠久的历史回响，感受穿越千年的丝路文化，还能追忆往昔红色峥嵘岁月，与古建筑技艺来一场指尖的邂逅，与地道的原州味道来一次舌尖的碰撞。

岁月如歌，山川如画，天赋之地，丝路原州，期待你的到来。

左上图　一木、一楼、一座城，原州民间古建筑技艺精湛，有温度的手艺传承了建筑文化的审美与智慧。土、木、砖、石，随处可寻的简单材料，匠心独运的榫卯结构，创造出大巧若拙、朴实灵动的原州民居。

左下图　泥塑以现实生活为题材，以新颖的构思，完美的艺术造型来刻画不同的形象，使作品具有浓厚的生活气息，自然淳朴，表现出粗犷、简洁的艺术风格。

扫码观看“经典故事”图文专题

千年古县·文化隆德

LONGDEXIAN

山川秀美，风情奇妙。历史悠远，文化厚重。6000多年的先民文化，2000多年的丝路文明，丰富多彩的民俗遗存，长盛不衰的耕读传统，使这块神奇的土地物华天宝、地灵人杰。这就是素有关陇锁钥之称的隆德。

“峰高华岳三千丈，险居秦关百二重”的六盘山，层峦叠嶂，苍松吐翠，鸟语花香。既有北国风光的雄浑，又有江南水乡的亮丽。在六盘山上看日出、观云海、听松涛、闻鹿鸣，心旷神怡。

1935年10月，毛泽东同志率领中国工农红军，翻越了长征途中的最后一座高山——六盘山，站在山巅，看到天高云淡、层林尽染，伟人感慨万千，写出了脍炙人口的壮美词篇《清平乐·六盘山》。

长征精神融入六盘山儿女的血脉之中，激励着一代又一代的隆德人，在乡村振兴的新时代，自强不息，砥砺前行。

六盘山腹地的北联池，又称雷泽，三面环山，岚烟出岫，清澈幽深，峰峦倒影，宛如仙境，素有“九龙莲花池”之称。

据史书记载，“华胥氏履大人迹于雷泽”，“而生伏羲”。传说上古时期，一位女子在雷泽里洗澡后，梦中被几道彩虹缠绕，惊醒发现躺在大脚印里怀孕。12年生下了人首龙身的孩子，取名“伏羲”，这位女子就是华胥氏。

扫码观看“炫彩60秒”短视频

红崖村因其恬静悠远的景象而有了“六盘山第一村”和“宁夏最美老巷子”的赞誉，越来越多的人走进这幅古雅的乡野画卷，俯拾世外林泉的隐逸乐趣。

六盘天池秋影

摄影 / 蔡全录

六盘天池三面环山，九峰团绕，岩峥峰叠，巍峨峻拔，岚烟出岫，神秘莫测。池状如葫芦，水光潋滟，沉澈明净，峰峦倒影，幻若仙境，环境清幽，历史悠久，是自然与人文相交融的旅游佳地。

北联灵湫　**摄影 / 李玉**

隆德县旧志称北联灵湫为“八景”之一，位于群山之间，山势合抱成池。清晨山岚弥漫，烟气蒸腾，茫茫然似仙境；午后雾气消散，红日当空，池中倒映着山间树荫婆娑，一碧万顷，从山间豁口处远眺，天朗气清，令人心旷神怡。

北联池北面伏羲崖腰的仙人洞内，一泓清泉，增而不溢，清澈甘甜，相传是伏羲和女娲所凿。悬崖峭壁、云梯泉水、青松翠柏交相辉映。

隆德城原名笼竿城。公元1014年，宋朝设德顺军、筑笼竿城，隆德县之名取笼竿城“笼”字的谐音“隆”和德顺军的“德”组成。笼竿城遗址公园和德顺军古城墙，见证了刀光剑影的历史沧桑。

左公柳是丝绸之路陕甘道上的绿色遗存。1868年陕甘总督左宗棠西征新疆，三军将士沿途遍植柳树，隆德县古柳公园的左公柳承载着一代名将保家卫国的梦想，摇曳的柳枝诉说着先贤忠于国家、守土尽责的英雄气概。

在古老的隆德书院，琅琅书声渐远。品一杯香茗，芬芳悠远，心于一境，景生万千。

隆德山清水秀。渝河两岸杨柳依依、溪水涣涣，花灯璀璨，三里店水库像一颗明珠，晶莹剔透、熠熠生辉。三伏天，这里的气温只有28℃，是休闲避暑的理想之地。

百年老巷子依山傍水、错落有致。青石古街、四合院，历经岁月风雨；古钟老井、青铜印、红军墙、土堡墙、烽火台述说着逝去的峥嵘岁月。袅袅炊烟寄托着游子的淡淡乡愁。

盘龙山庄绿树成荫、小桥流水、箱式民居等组成的田园风光综合体，是乡村旅游的新业态。

扫码观看“两晒一促”8分钟专题视频

右页图 **木雕艺术**
在中国古代建筑装饰上曾经占据着重要位置，是宝贵的文化资源和世界遗产。有着悠久历史的宁夏隆德一带的木雕艺术，以立意新颖、构图严谨、造型生动、雕工精湛而闻名西北。

左页图 **摄影 / 王继祥**
隆德剪纸风格以传统民俗文化为主体，同时融合了现代独特的民族文化。剪纸题材新颖多变，技巧细腻，形态生动有趣，气势磅礴。剪纸纹样作品，有反映民俗文化的，亦有反映生产生活场景的，题材广泛，形式多种多样，艺术风格单纯、质朴，构图讲究，有极强的装饰性，给人以美的感受。

隆德暖锅

温暖亲切的暖锅，是宁夏人冬日里最特别的味道。白萝卜、豆芽、粉条、豆腐上面一层过了油的五花肉，让暖锅既是一道当家菜，也是一道盛满祝福的地方小吃。

隆德社火 **摄影 / 蔡全录**

新时代赋予社火新的内容，老百姓爱装社火，更爱耍社火，锣鼓、舞龙、舞狮、高跷、跑旱船、秧歌等项目，全村老少齐上阵，使社火这项流传千秋的庆典活动，演变成了一项内容健康、形式活泼、名目繁多、生动有趣的群众文化娱乐活动。

近年来，隆德坚持发展一村一景的乡村旅游品牌，使乡村旅游成为美农村、强农业、富农民的动力源泉。

农耕文明滋养了枝繁叶茂的隆德文化。魏氏砖雕、杨氏泥彩塑、高台马社火为国家级非物质文化遗产传承保护项目。民间剪纸、刺绣等10项传统手工艺，为自治区级非物质文化遗产传承保护项目。

隆德自古处于中原农耕文明和北方游牧民族交融的地方，暖锅不仅融合了不同的饮食文化习惯，同时也寄托着人们对美好生活的向往，黄葱葱的过油肉、热腾腾的大烩菜，融为一体，色、香、味俱全，寓意团团圆圆、红红火火。这一特色美食正由隆德传向四面八方。

隆德县先后荣获中国民间文化艺术之乡、全国文化先进县、中国现代民间绘画画乡、中国书法之乡称号。文化的兴盛，为隆德人民决战脱贫攻坚、决胜全面建成小康社会，提供了强大的精神动力和智力支撑。

扫码观看“经典故事”图文专题

红色圣地·多彩西吉

XIJIXIAN

这里是“中国马铃薯之乡”和“中国西芹之乡”，也是中国首个“文学之乡”。

这是一片红色文化浸润着的土地，红军长征的故事在百姓心中流传。这里的一砖一瓦都在深情诉说毛泽东同志当年“夜宿单家集”的佳话。

这里，也见证了载入史册的珍贵时刻。1936年10月22日，红一、红二方面军在此会师，标志着伟大的长征胜利结束，中国革命从这里走向胜利。

很多人都知道，长征从哪里开始，但可能很少有人知道，长征结束的地方。每次来到将台堡，都是一次精神的洗礼，在中国工农红军将台堡会师纪念碑前，对话红色记忆，找回初心。

从新石器时代的生命之光，到秦长城的纵横天下，从中原文化、西夏文化，到马家窑文化……交融辉映的文化，浓缩到一枚枚斑驳的古钱币中，无声地诉说着一段段历史，丝路古道，商贸要冲，成就了“华夏古钱币收藏第一县”。

扫码观看“炫彩60秒”短视频

摄影 / 祁学斌

将台堡红军长征会师纪念碑正中央镶刻16个大字，在阳光下反射出耀眼的金光。石碑左右的高台上，红旗迎风猎猎，仿佛重现当年情形：革命军队来到将台堡，将旗帜一面一面插上高地，终成星火燎原之势。

摄影 / 李金山　冬日的震湖，烟波浩渺的湖水化作光洁如镜的冰海，四周的山，还有湖边的小山村，在一场小雪之后，变成了一个幽雅恬静的世界， 纯洁而又美好。它的美丽犹如昙花一现，却给大自然带来无尽的乐趣和盎然，更能给人以灵魂的安静与洁净。

上图　**摄影 / 祁学斌**　云台山颇为险峻，四面悬崖，唯东北角有一处人工凿成的石级可攀登。顺着石梯向上攀爬，置身于群山环抱之中，林深木盛、鸟语花香，难怪“云台叠翠”在明清时期被誉为固原八景之一。

下图　龙王坝村坐落于宁夏南部山区著名的红色旅游胜地六盘山脚下，这里是宁夏推动乡村旅游建设的缩影。仲夏时节，空中俯瞰龙王坝村，五颜六色的梯田镶嵌在山腰，古老的民居掩映其中，与优美宁静的自然风光构成一幅秀美的田园画卷。

在这里，有一群人，用质朴的文字书写对故乡的深情与眷恋，一大批西吉本土作家郭文斌、马金莲等，让“西吉文学”响彻中国文坛，中国作家协会主席铁凝曾在西吉县说“文学是西吉茁壮的庄稼、西吉是中国文学宝贵的粮仓”。

大自然的神来之笔，塑造了西北罕见的丹霞地貌。厚重的人文底蕴，使丹霞山更添韵味。此景只应天上有，人间几处火石寨。

来到这里，不免感叹大自然的鬼斧神工：火石寨的丹霞地貌，有独属于西北的味道，火红的神奇山峰，绿色的俊秀森林，惊险的玻璃吊桥，让你体验云中漫步的乐趣。你只有亲身站在震湖畔才能体会到大自然的震撼，仿佛走入了一幅山水画里，在群山环抱中，感受对自然的敬畏。

从“苦瘠甲天下”到“美丽新西吉”，这片土地巨变的背后，是决战脱贫攻坚的“西吉实践”，是讲好绿水青山的“西吉故事”。

都说“新农村，新气象”，美丽乡村的颜值，是新房、新路、新景色，美丽乡村的内涵，是每一张幸福的笑脸。

没想到，曾经贫瘠的土地，在绿色科技的“灌溉”下，西芹飘香，传统的马铃薯也带来新鲜的感觉。

西吉最有意义的优品——红军粉，正如它的名字，红军在西吉，不仅留下了红色印记，还为老百姓留下制粉的工艺，让长征精神代代相传。

扫码观看“两晒一促”8分钟专题视频

火石寨犹如镶嵌在中国西部黄土高原上的一颗璀璨的明珠，是我国北方面积最大的丹霞地貌分布区，也是我国迄今发现的海拔最高的丹霞地貌群，被誉为“中国最壮美丹霞地貌”“中国的科罗拉多大峡谷”。这里的自然风光、人文景观相互交织，如同仙境一般。

上图 **摄影 / 李金山** 西吉县得天独厚的自然条件赋予了西吉西芹优越的品质，这里的西芹皮薄、纤少、柔嫩、味鲜、色亮、口感好。

下图 西吉县是“中国马铃薯之乡”“中国西芹之乡”“中国果菜标准化建设十强县”，“西吉马铃薯”“西吉西芹”荣获“中国驰名商标”，以马铃薯等冷凉蔬菜、小秋杂粮为主的特色农产品，绿色无污染、质优品高，尤其在发展高海拔冷凉蔬菜方面具有得天独厚的优势。

想知道红军粉的味道吗？看似普通的一碗粉，因为传承了历史，而变得特别，细细品尝，地道的手工味道，成为旅途里最珍贵的味觉记忆。

一件件精致的艺术品，凝结着非遗传承人的匠心。在这个生活节奏越来越快的时代里，感受手艺的沉淀，坚守的初心。

在这里体验原生态的梯田山花，这里以乡村旅游带动产业融合，助力脱贫攻坚，服务乡村振兴。

住窑洞，吃地道的农家饭，看火热的民俗表演，现场欢声笑语，西吉是一个来了就想多留几天的世外桃源。

春观新绿萌发，夏赏山花似海，秋望层林尽染，冬品银装素裹。五彩四季，滋养着西吉儿女，八方来客，无不沉醉而归。“以万千风韵，引万客来游”，西吉欢迎您！

扫码观看“经典故事”图文专题

从简单粗糙的手工“红军粉”，经过不断改进，到今天用提纯工艺，制作出更精纯、更绿色、也更安全的粉条；从以前单一的粉条到现在形式多样化，如：粉丝、粉条、宽粉、手擀粉等，红军粉成为了当地的特色产业。

山水田园·锦绣彭阳

PENGYANGXIAN

“暧暧远人村，依依墟里烟。”千百年来，中国人心目中那幅恬淡的田园牧歌在这里能找到真实的图景。春华秋实、夏耘冬乐，雨后田园、农耕餐食，这里是美丽的乡村图景保留较完整的地方，这里有让你看得见的恬淡，这里能让你邂逅久违的乡愁。

随便步入一户农家，都能感受到农村独有的从容与幸福。无论是炉子上热气腾腾的罐罐茶，还是乡味十足的十大碗；无论是田间地头喜获丰收的农民，还是乡间小路你追我赶的孩子，他们舒展的笑容、质朴的生活、真诚善良的热情，都能带给你舒适和宁静。

日月盈昃，辰宿列张，寒来暑往，秋收冬藏。这里生来就是一个以农耕文明为血脉的乡土之地。

4万年前古人类的遗存，3000多年前神秘的西周诸侯国，周人经略西北地区的前哨基地，战国秦长城、汉代城郭、宋代城堡、北魏造像以及无量山石窟，还有世界针灸鼻祖皇甫谧……回望历史的风烟，俯仰天地之间的这片黄土，生活在这片土地上的人们，世代仰仗大自然的馈赠，存亡续绝都在年复一年的耕种与劳作之中。

扫码观看“炫彩60秒”短视频

梯田层绿，红绿交替铺陈在山间，山花绽放，花香弥漫在你我心间。想来，这苍穹之下的调色盘大概就是大自然与人类亲密联手的杰出代表作吧。

彭阳梯田

供图 / 图虫网

起伏的山峦，层叠的梯田，犹如一幅美丽的山水田园画卷。云消雾散后能清晰地看见层层叠翠的梯田，如碧玉缎带从山脚盘绕至山顶，与一圈圈蜿蜒的田间道路相呼应，好似大自然留下的“指纹”。

彭阳的秋天，像是打翻的调色盘，层层叠叠的梯田，色彩绚烂；雾气缭绕的山野，如诗如画。溪流潺潺，天空中大雁结伴南飞；水库河道，就成了鸟儿的天堂。牛羊肥壮，谷穗饱满，秋阳绚烂，瓜果飘香，这是希望的田野，这是令人流连忘返的绝美画卷。

地处六盘山东麓的彭阳，曾是山秃、水浊、田瘦、人穷。建县37年来，一代代彭阳人发扬不到长城非好汉的六盘山长征精神，坚持一张蓝图绘到底，一茬接着一茬干，点点滴滴、默默无闻、扎扎实实、久久为功，绘就出风景宜人的“江南小县城”。春夏秋冬，无论哪个季节，你都能见到这片土地上最动人心魄的美景。

彭阳的春天往往是从一场猝不及防的春雪开始的。白雪皑皑，却掩盖不住大地万物勃发的气势。泥土逐渐苏醒，空气散发出草木萌动的清新，一切都是那么崭新明亮，令人欢欣。

“屋上柳莺鸣，村边杏花白。”放眼望去，黄土高原上的春天，在彭阳竟是热烈而奔放的。迎风怒放的漫山桃花就是最好的佐证！

山川为素纸，农具为神笔，天人协作，挥毫泼墨，梯田成为一幅幅让天地动容，让世人惊叹的丹青。黄土高原上，这些漫山遍野的旱作梯田，被绚烂的杏花、桃花染色。它们是绝美的风景，也是生活在这片土地上的人们用智慧和劳动改变命运的奇迹。

彭阳的夏天，是从树枝上一枚青涩的果实开始的。这是春风献给这片土地的礼物。盛夏时节来彭阳的人，心里都藏着一个人尽皆知的秘密——去邂逅一场与红梅杏的浪漫约会。层层梯田绿浪翻滚，条条山沟红杏缤纷。一枚饱满的果实，表面光滑坚挺，可以毫不费力地从中间掰开，甘甜和酸爽在口腔中炸裂开来。

中国地大物博，风味原产地层出不穷，但是要说到哪里出产的杏子最特别，答案是彭阳。因为这里日晒充足，无霜期长，昼夜温差大，大自然的偏爱，让生长在这里的瓜果都回味悠长。

扫码观看“两晒一促”8分钟专题视频

上图　彭阳旱作梯田入选“中国美丽田园”，梯田景观如今已成为西海固山区一道亮丽的风景线，也见证着西海固生态的变迁。

下图　大沟湾流域　**摄影 / 林生库**
连绵起伏的六盘山上，层层叠叠的梯田从山脚盘绕至山顶，蔚为壮观。

上图　彭阳红梅杏，果实外形近似圆形，果皮阳面呈红色，阴面呈黄色，果肉细腻多汁，酸甜可口，是中国国家地理标志产品。

下图　彭阳果脯采用宫廷传统秘方，由鲜果精制而成，口味酸甜适中、爽口滑润、甜而不腻、果味浓郁，主要有杏脯、梨脯等，被农业部认定为绿色食品。

左图　漫山遍野绿意盎然、山花烂漫，充沛的降水使得河流流量剧增，汹涌澎湃，在断崖处一泻而下，声音恰似万马嘶鸣，直上云霄，瀑布壮丽之美尽收眼底。

右图　璎珞宝塔通高15米，平面呈八角形，为七层楼阁式砖塔。宝塔前临深涧，背倚高山。东与有名的七个宛若馒头的小山隔河相望，七个山就是因七个奇特的小山而得名。

多年来坚持不懈的植树造林，造就了彭阳夏天难得的清爽、幽静。宁静的风吹过翻滚的谷浪，空气里弥漫着地椒茶的香气，田野里的庄稼正卯足了劲儿地生长，等待着秋天的收获!

彭阳的秋天，像是打翻的调色盘，层层叠叠的梯田，色彩绚烂；雾气缭绕的山野，如诗如画。溪流潺潺，天空中大雁结伴南飞；水库河道，成了鸟儿的天堂。牛羊肥壮，谷穗饱满，秋阳绚烂，瓜果飘香，这是希望的田野，这是令人流连忘返的绝美画卷。

春华秋实，经过一年的努力，到了收获的季节，满树硕果累累，这就是红河矮砧密植苹果产区。

秋去冬来，万物休眠，彭阳便成了一幅淡雅相宜的水墨画。“白雪却嫌春色晚，故穿庭树作飞花”，一场初雪拉开了冬天的盛景。登高望远，云海浮动，山卯沟壑银装素裹，蜿蜒盘旋的公路在落日余晖中伸向远方，汝河瀑布变成了一座巨大的冰瀑雕塑，耸立于断崖之上，晶莹剔透；走入院落人家，感受岁末年初的那份喜庆。高汤煮沸，荤素搭配的暖锅；笼屉掀开，香气扑鼻的蒸鸡；高高挂起的灯笼，筹办的年货，绘制出令人向往的乡居画卷。

无论哪个季节来到彭阳，都能看到绝美的风景。绿水青山，生态彭阳，在这里呼吸是如此畅达，心绪是如此欢欣愉悦，说起彭阳自豪，住在彭阳骄傲，做彭阳人光荣。春赏山花烂漫，夏享醉美清凉，秋观层林尽染，冬览梯田铺雪，锦绣彭阳欢迎您! ○

扫码观看“经典故事”图文专题

泾水之源·避暑胜地

JINGYUANXIAN

泾源县该是个什么样子？是烟雨蒙蒙的江南，还是万山碧翠的绿岛？是小南川的清流碧石，还是荷花谷的亭亭玉立？

这些都是泾源的样子，但不是泾源全部的样子。

泾源，首先是黄河二级支流——泾河的发源地。“无数飞泉大小珠，老龙潭底贮冰壶。汪洋千里无尘滓，不到高陵不受污。”这是清代学者胡纪漠在泾源留下的诗篇。那年，他奉皇命勘察泾河、渭河谁清谁浊，最终用这首诗为千古成语——泾渭分明注清浊。

泾河净水源自六盘山腹地，这是一座中国西北地区最重要的绿色屏障，一座名副其实的“高原水塔”。百泉涌流、千山竞翠、万壑蕴绿。这里水质优良，符合直饮水水质标准。这一座青山，这一河绿水，是泾源人的生命线，是泾源人的金山银山，是游客向往的目的地。

弹铮峡、胭脂峡、野荷谷、秋千架，优选了六盘山所有奇险峻秀，悬崖峭壁斜逸奇木，清流或缓或急地从石床上流过。

大自然偏爱泾源。哪怕是酷暑伏天，泾源最高温度也不过25℃，使得泾源成为名副其实的避暑胜地。

扫码观看“炫彩60秒”短视频

扫码观看“两晒一促”8分钟专题视频

春染六盘　**摄影 / 刘泉龙**

泾源县是宁夏的南大门，因泾河发源于此而得名，素有“秦风咽喉、关陇要地”的美誉。

供图 / 泾源县旅游局

泾源是宁夏特色生态旅游县。六盘山纵贯县境西部，崆峒山雄踞东北。这里群山环抱，百泉汇流，气候湿润，山清水秀，风景宜人。

供图 / 巍洋菜谱
泾源黄牛肉为国家农产品地理标志保护产品。泾源黄牛肉肉质鲜嫩、瘦肉多、脂肪少，牛肉呈樱桃红色，脂肪呈乳白色，肉表面有一层薄膜，富有弹性。

供图 / 巍洋菜谱

泾源蒸鸡选用当地土鸡，剁成大块，加上葱、姜、花椒粉、盐等调料，以及当地特产的菜籽油，搅拌均匀后腌制。和面擀成饼，土豆切成小丁，与鸡块一起码在蒸笼里，放入大锅蒸20钟即可。

上图 **摄影 / 张治军** 二龙河是泾河的主源头，位于六盘山南端。这里是六盘山自然保护区的核心区，也是野生动植物最丰富的地区。
下图 **摄影 / 马治宝** 老龙潭景区主要以水景为主，共有四潭，以“之”字状排开，呈现出“险、深、奇、秀”的特点。

在野性雄厚的六盘山，还可享受小资的精致。白墙、红瓦、炊烟，小桥、流水、人家，每一座村庄都是一个景点。杂花、乱草、丛林，宽路、窄径、胶道，百公里服务带就是一幅长长的油画。香水风情堡低调奢华着民宿的优享，陶然人家酷派着青年们的文艺范儿。

泾河源头的农家乐，最有泾源的味道。虹鳟鱼刚从泾河里捞出，就入农家锅灶上清蒸，鲜美看得见。刺五荚、蕨菜是一大早从山里采摘的，带着露珠，冒着泥土的香气。吃野草、虫子长大的土鸡，健壮而肥美，是当地厨娘的最爱。她们用泾河的水和原生态的厨艺，烹饪出最泾源的菜肴——蒸鸡。

泾源县城，一座可以深呼吸的小城，温润富氧，一不小会醉氧。留恋这座小城，因为赏心悦目。一盘盘红润镶乳白油脂的大理石牛肉，本身就是一件艺术品；牛肉火锅涮出了泾源黄牛肉美味的最高境界。

八方隆夜市，可以喝黑果花楸美酒，可以撸牛肉串，可以看美女帅哥，可以购高山百花蜜，你想要的泾源优品，这里都有。

老龙潭、龙头岭、卧龙山……泾源，是龙的故乡。在龙文化宫，追溯中华龙文化的源头，心中铭刻中华民族的图腾。魏徵梦斩龙王、柳毅传书、济公修道………泾河，一条有故事的河；秦皇汉武北巡至鸡头山，成吉思汗驻跸凉殿峡，红军长征胜利之山……六盘山，一座书写历史的山。

青山涵绿水，沃土生精华。泾水之源，避暑胜地，大美秘境，待君细品。○

萧关遗址文化园 **摄影 / 王周**

扫码观看“经典故事”图文专题

野荷谷是一条狭长的河床，呈南北走向，全长不足6公里。峡谷北岸峭壁入云，绝壁陡崖上的华山松傲然挺立，遒劲的树干姿态各异，以各种角度伸向天空，彰显着力量。油松林和落叶松林遍布在坡度较缓的南岸与谷底，千树万树紧密相依，簇拥着挺拔向上，习习山风拂过，吹起阵阵松涛，驱走一切喧嚣，带给内心宁静。

泾河之美　**摄影 / 苏峥嵘**
茹河瀑布顶部有一道人工铺制的石路，从上走过，可以从另一个独特的角度领略瀑布之美，
岸边建有一座亭子，坐于其中可观赏瀑布及两岸风光。

ZHONGWEI

中 卫

沙漠水城·云天中卫

晒中卫大漠星空

中卫自然景观与人文景观交相辉映，景区众多。沙坡头是首批国家5A级旅游景区，中卫高庙被全国建筑师学会誉为“中国古寺庙经典建筑”，海原震湖是世界范围内研究价值最高的地震遗迹。现存的中卫大麦地岩画规模宏大，密集程度世界罕见。沙坡头的高峡平湖，卫宁平原沃野千里、阡陌纵横的秀色等自然风光，瑰丽无限，令人心旷神怡。

近年来，中卫市凭借得天独厚的旅游资源，实施“旅游优先发展”战略，以“宜居、休闲、生态美”为目标，塑造“沙漠水城、花儿杞乡、休闲中卫”的城市名片，着力打造“中国沙漠旅游基地”“中国长城故乡”“西部攀岩探险基地”等旅游品牌，做大做强旅游产业。一个新兴的现代化生态旅游文化城正在崛起。

黄河宫湿地公园 **摄影 / 曾斌**

黄河宫湿地公园坐落于宁夏中卫市的黄河北岸，园中最引人注目的便是黄河宫——一座高36.9米的巨大蓝色水滴形建筑。如此独特的创意来自于唐朝诗人李白“黄河之水天上来”的诗词寓意，设计者将黄河之水凝练成了水滴建筑形态，仿佛从天而降，滴落在黄河岸边。

扫码观看中卫市文化旅游宣传视频

星星故乡·沙漠水城

SHAPOTOUQU

这里是黄河的入川口，这里是星星的故乡，这里就是中卫市沙坡头区，一个因水而兴、因沙而名的城市。沙坡头区位于宁夏中西部，地处祖国版图的南北中轴线上，是欧亚大通道“东进西出”的必经之地，自然禀赋独特。母亲河穿境而过，与浩瀚的腾格里沙漠交融辉映。独特的沙漠奇观，形成黄河与沙漠、沙漠与绿洲、人与自然和谐共处的美景。

公元737年，王维奉使凉州，在此留下了“大漠孤烟直，长河落日圆”的千古名句，让无数文人骚客心驰神往。

人文与历史在这里融合，黄河与沙漠在这里汇集，孕育出了神奇而独具魅力的沙漠水城——沙坡头区。

沙坡头区，以沙命名，以沙闻名。

沙坡头区是国家首批全域旅游示范区，这里既是一座历史文化之城，也是一座现代化的宜居、休闲、时尚之城。

黄河是沙坡头人的灵魂和生命。走进沙坡头区，会有一种时空倒流、幽然怀古的苍桑之感。那是一种淡淡的梦幻般的雾霭，是一声发自古埙的悠悠低吟。

扫码观看“炫彩60秒”短视频

沙漠银河和流星 **摄影 / 刘普顺**

宁夏全境晴天率高、透明度高、水汽低，加上光害相对较少，没有光源干扰，这一方纯净的土地给人们提供了最适合仰望星空的夜空资源。以观星为主题的星空旅游已成为宁夏全域旅游的新名片。

沙坡头旅游区 **摄影 / 张治军**

自古黄河贯九州，黄沙漫北地，但举国而言，唯有沙坡头景区合诗中诸元素于一处。向南俯瞰，可将祁连山余脉、腾格里沙漠与黄河的雄奇组合尽收眼底，极目望去，层层叠叠、高低错落，都是色彩极为丰富的大景观。

供图 / 中卫高庙旅游区

高庙坐北朝南，庙前为保安寺，山门好似一道屏障，将外界的喧嚣拦下，留得古寺清幽宁静。高庙占地面积不大，但庙宇建筑众多，建筑之间巧妙地重叠相连，既节省了占地面积，又营造出层层递进之感，实乃中国建筑之大美。

黄河·宿集

夕阳无限好的春天，黄河宿集为你献上旅程中宾至如归的感受与体验，风格独特的建筑，与它身后的广阔沙漠相依为靠。

位于宁夏中卫市沙坡头景区对岸，是中国首个野奢民宿集群。这里有蓬乱勃发的芦苇，枝丫缭绕的古树，砂砾堆积的小道，汩汩流淌的黄河。来到这里的游客还可以尽情享受帐篷露营地，野奢十足。

史初文明的碎片在这里随处可见，旧石器晚期延续至宋元的岩画，古老的水车以及散落于黄河两岸的大量历史文化古迹，80多种非物质文化遗产，显示出了沙坡头地区黄河文明的不凡。

沙坡头盛典融入了诸多本土文化符号，贴近本地民俗生活。在这里可以了解到真实、全面的沙坡头，感受几千年来灿烂的黄河文明。

大漠是风的杰作，多姿多彩的造型、流畅优美的线条、光与影的奇妙变化，将大漠的美丽与神奇演绎得婀娜多姿、风情万种。

黄河与大漠的碰撞，让沙坡头区变得生动而富有个性，豪放而富有张力。

每一种体验项目，既惊险又刺激。喀斯特地貌与丹霞地貌天作之合的寺口子景区以险、幽、奇、绝著称。十里花海的金沙岛，更是休闲、观景的好去处。

始建于明永乐年间的高庙保安寺，层楼重叠、错落有致、飞桥相连、构衔巧妙，是中国古建筑的经典之作。

沙坡头区水碧、天蓝、土净，是一座天然氧吧。发展全域旅游，就如同我们骑车，双轮驱动，景城一体，速度与激情并存，游客与环境和谐共生。黄河万里，百物衍生，水果珍品，尽在沙坡头。

有了黄河水的浇灌，环香山干旱带变成了绿洲，农作物充分吸收砂地里的锌、硒等微量元素。苹果、枸杞、金银花等品质优良、营养丰富。

徜徉在小吃一条街，不仅是一种心情，更是一种享受。三三两两，吃着烧烤，喝着啤酒，唱着民谣，痛苦、忧愁如烟云，消散得无影无踪。

左页图 沙漠星星酒店

在这一望无际、浩瀚无垠的沙漠里，星星酒店成了沙漠中的另一抹颜色。透过落地窗看沙漠，细沙随着微风轻轻飞扬，就这样悄悄地改变着沙漠的纹路。夜晚的星空，为寂寥的沙漠增添了一丝浪漫，“危楼高百尺，手可摘星辰”这样绝美的诗句都不足以表现沙漠星空的绝色之美。

扫码观看“两晒一促”8分钟专题视频

金沙岛香草园

金沙岛香草园是情侣们理想中的爱情温巢，也是表达心声的浪漫花园。在香草园留下见证爱情的永恒一刻，是无数情侣此行的目的。摄影师不住地按动快门，用镜头为身着婚纱、盛装的新娘、新郎定格不朽的爱情。

金沙海民宿 **供图 / 金沙海景区**

金沙海旅游度假区地处中卫市沙坡头区，位于中国第四大沙漠——腾格里沙漠东南缘。景区内的现有一系列完善的配套设施，白天在沙海冲浪，或沙漠中游泳池旁的休闲椅上小憩，夜晚住帐篷数星星，成为了很多游人钟爱的旅行体验之一。

金沙海火车旅馆 **供图 / 金沙海景区**

腾格里 · 金沙海旅游度假区拥有全球首家沙漠火车主题旅馆，国内首家沙漠星辰帐篷酒店。在浩瀚无垠、远离尘嚣的净土中，感受蒸汽时代的岁月沧桑，体验奢野帐篷的浪漫奢华。在这里可以仰望星空，更可以俯瞰沙海。

寺口子古时也被称为北海。景区内最主要的两条山脉东西相对，其中一条为典型的丹霞地貌，呈深红色，另一条则为普通的青色山脉。山势蜿蜒游走，宛若蛟龙，两山之间有一座凸起的小山丘，山体圆润，也被称作绣球山。有人以此景发挥想象，认为此地为二龙戏珠之处，为风水宝地，人杰地灵。

中卫“66号公路”拥有着中国大西北的独特风景，苍凉的戈壁和绵连起伏的山谷吸引着国内的自驾游爱好者前往。

黄河漂流

黄河流经宁夏397公里，古老的羊皮筏子已成为游客喜爱的游玩项目之一。

科技的发展进步，新产品的广泛应用，使人们的生活更加安全、舒适。“钟子号”低轨载荷卫星的成功发射，商业卫星天线组阵地面接收站和测控指挥中心的建成，引领着我国科技发展的未来。

这里是沙坡头区西部云基地、飞艇产业基地、国家级军民融合创新示范区。

告别城市的喧嚣，身处自然宁静之中，听黄河波涛，品醇香美酒，黄河·宿集可以深度体验独具西部风情的野奢之旅。傍晚，随着驼铃声的远去，热闹的沙漠变得宁静、安详。天边的流星，划过长空，坠入大漠，溅起一片灯火。“日月之行，若出其中。星汉灿烂，若出其里。”宿星星故乡，览塞上奇观。躺在柔软的沙丘上，仰望星空，看星星依偎月亮，拂清风抚摸脸庞，如痴如醉地陷落在沙漠和璀璨星河的人间仙境之中。

左上图　南长滩民俗古村落　**摄影 / 石宇清**
黄河经过黑山峡，向着平原奔流，南长滩民俗古村落是黄河流进宁夏后经过的第一个村庄，因此也被称为宁夏黄河第一村，也有宁夏黄河第一渡、宁夏黄河第一漂之称。

左下图　大麦地岩画　**摄影 / 马德**
大麦地丘陵低矮，山势平缓，大面积的平整山岩为画作提供了充足的空间。岩画分布密度高，内容丰富，以射猎、祭祀、动物为主要表现题材，以研磨、敲凿、凿磨、线刻为主要创作方式。

右页图　麦草方格这一绿色屏障不仅锁住了流沙，也为沙坡头原本荒芜的地方带来了新的发展机遇。

扫码观看“经典故事”图文专题

中华杞乡·康养中宁

ZHONGNINGXIAN

汉朝董仲舒曾经这样说："仁人之所以多寿者，外无贪而内清静，心平和而不失中正，取天地之美以养其身。"这就是对于健康、养生理念最好的诠释。中宁这方水土正适合这样的理念。

对于中宁人来说没有什么能比枸杞这颗红色精灵更讨喜的了。无论是先秦诗经《小雅·湛露》里的"湛湛露斯，在彼杞棘"，还是李时珍《本草纲目》的记述，在这漫长的千年时光里对这枚小红果的溢美之辞从没有停歇过。"中宁枸杞甲天下"使中宁这座位于北纬37°地球生命线上的小县城更为世人称道。

每一个中国人都会把亘古绵延、遥遥万里的黄河比喻成母亲。只要是她的孩子，母亲所能给予的礼物往往会让她的孩子惊喜不已。

来到中宁，购买这里正宗的枸杞产品，才会不虚此行。这里是中国最大的枸杞集散地，每年从这里销往全国、全世界的枸杞有14万吨，创收70亿元人民币。今天的我们并不能想象万年间在这片土地上所发生的一切，石马湾里一幅幅的岩画留在这里静静地转述着洪荒年代人类先祖的故事。穿境而过的古丝绸之路留下的遗存，让来到这里的游客平添了一抹可以探奇的幸福。

扫码观看"炫彩60秒"短视频

摄影/王毅

横跨卫宁公路的山河桥，河水自上而下，途经石洞流速猛增，自隧洞的另一端喷射而出，砸向低处的河道，浊浪激荡，形成宽数丈的瀑布，气势如同微缩的黄河壶口瀑布，是如今观赏清水河改道遗迹的绝佳之处，也被当地人称为“中宁小壶口瀑布”。

枸杞种植基地

宁夏是枸杞的原产地，栽培枸杞已有600多年的历史。宁夏枸杞色艳、粒大、皮薄、肉厚、籽少、甘甜，品质超群，是被载入药典的枸杞品种。

蒿子面　**供图 / 巍洋菜谱**

“一清二白三红四绿五滑六爽七香八长九酸十和”，让流传600多年的蒿子面，成为名副其实的舌尖上的美食，也成就了一项独特的宁夏非物质文化遗产。

中宁清炖土鸡 **供图 / 巍洋菜谱**

散养的土鸡、鲜红的枸杞、白色的粉条，一锅鲜鲜美美、口口相传的清炖土鸡，是游子匆匆脚步无法带走的念想。

鸣沙洲塔，相传建于西夏毅宗李谅祚时代，距今有900多年历史。塔原高14级，是一座八角楼台阁式砖塔，青砖挑檐，白灰抹壁，角挂风铃，宝瓶钻尖。内有木梯，可供登临。

而早在40多年前从中宁长山头开始的一项伟大的水利工程，让这个只能眼望着黄河岸名叫“喊叫水”的地方喝上了自来水，让170多万亩的土地变成良田。固海扬水工程真的让“黄河之水天上来”变为现实。

天湖，宁夏境内原始自然资源保存最完整的湿地之一，自然形成的湖泊，素有“宁夏山区之碧玉”的美称，是国家3A级旅游景区。

“长脖子雁扯红线，一扯扯到了中宁县，中宁的丫头会擀面，擀的面薄扇扇，切的面细线线。”蒿子面是宁夏非物质文化遗产，具有健胃、清热的功效，对于高血脂、高血压、糖尿病有着很好的食疗辅助作用。

但凡留在生命记忆最深处的味道永远都是最落胃、最熨帖的家常饭。在中宁也不例外。把当年采摘的野生蒿籽磨成粉混在面粉里，和好、醒透、揉光，长擀杖，大案板，代代相传的擀面功夫无须刻意的准备，不一会儿，一碗热气腾腾、筋道爽滑的蒿子面就让整个家温暖了起来。

风味的意思是风物、风俗、水土的滋味。它不但会在乡土间代代相传，也会随着南来北往的食客口口相传。中宁枣园，因贡枣得名。掰开半干的红枣，可以清晰地看到粘连果肉的缕缕金黄色糖丝，故名“金丝小枣”。中宁枣园的土鸡，淳朴、实在，特别是有了枸杞的加持，让鸡汤更加鲜甜、滋养。

扫码观看“两晒一促”8分钟专题视频

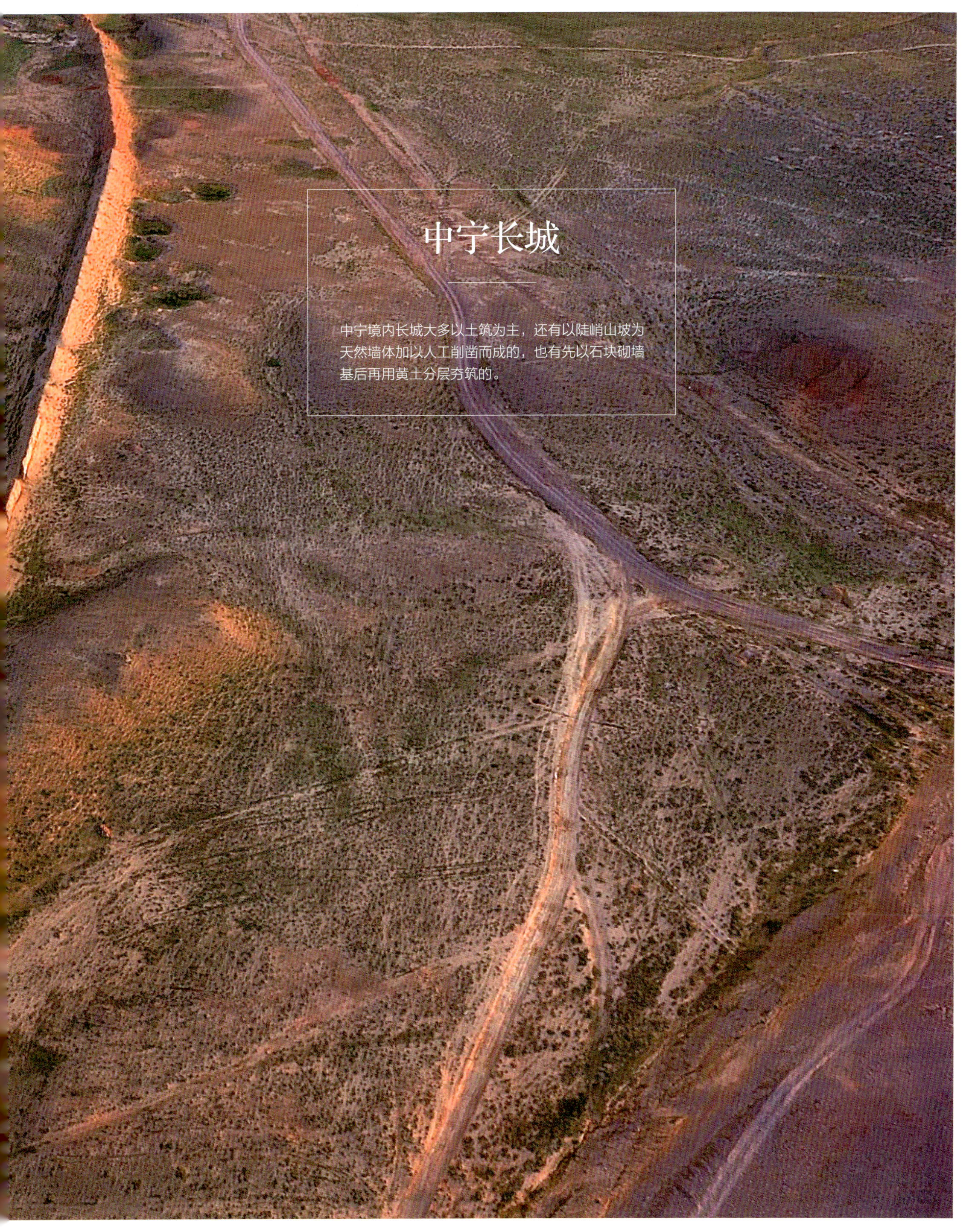

中宁长城

中宁境内长城大多以土筑为主，还有以陡峭山坡为天然墙体加以人工削凿而成的，也有先以石块砌墙基后再用黄土分层夯筑的。

说不清楚是食物呈现了民风乡俗还是民风乡俗塑造了舌尖上中宁的城市性格。对于和谐与康养的追求早就成为中宁人对生活品质追求的重要部分。

黄河静静流过小县城，不疾不徐、内敛而温和，而来自六盘山的清水河也自这里温婉地汇入这条伟大的母亲河。

浩浩汤汤，一路向前。

左上图　清水河
清水河是宁夏境内流入黄河最大、最长的支流，流经原州区、海原县、同心县，从中宁县汇入黄河，干流总长320公里，境内流域面积1.4万多平方公里。

左下图　石空寺石窟　**摄影 / 单旭红**
寺庙依山而建，背靠腾格里沙漠，距县城20公里。这里曾经规模很大，有楼阁式山门、天王殿、韦陀殿等。

扫码观看“经典故事”图文专题

花儿之乡·古韵海原

HAIYUANXIAN

“在这云海苍茫的地方，贯穿着彩色的人间乐园。翠绿的山坡，缠绵的蝴蝶，悦耳的虫鸣，音符从身上吹过，我沾满泥土的生命散发着芳香。”是什么让文学作品下的这方热土如此瑰丽妩媚、灿烂多彩？是大自然的神奇造化？是多元文化的碰撞积淀？还是海原人砥砺奋进中谱写的时代华章？来到海原，你就有了答案……

海原县位于宁夏中南部、六盘山西北麓。距今4000多年前，人类的祖先就已经在这里繁衍生息，孕育了举世闻名的菜园文化。这里的先民开创了穴居生活方式，最早在洞壁上凿台照明，“窑洞之祖”“灯具鼻祖”的美誉由此得来，这里的考古发现将我国用灯起源提早了2000多年。

南华山群峰叠翠、雄浑壮观，海拔2955米的马万山为宁夏第二高峰。这里水草丰美、景色宜人，历史上牛马衔尾，群羊塞道。春来绿树杂花，天地澄清；夏时凉爽宜人，香飘蝶舞；秋时红叶满山，层林尽染；冬时雪尽穷野，银装素裹。这里是天然的消夏避暑胜地，绕山自驾，寻一处青翠秘境，得一片内心安宁，更能领略一番别样的精彩。

扫码观看“炫彩60秒”短视频

海源八宝盖碗茶　**摄影 / 茹涛**

八宝茶是盖碗茶的一种，多以茶叶为底，掺有冰糖、玫瑰花、枸杞、红枣、核桃仁、桂圆肉、芝麻、葡萄干、苹果片等，喝起来香甜可口，滋味独具，有滋阴润肺、清嗓利喉的功效。

海原生态

摄影 / 王恒德

海原县境内丘陵起伏，沟壑纵横，六盘山余脉（南华山、西华山、月亮山等）由南向北深入境内，形成西南高、东北低的特殊地形，南部以南华山主峰马万山为最高，海拔2955米，是宁夏南部最高峰。

160819

西华山也称天都山，山上的石窟初建于北魏。西夏王李元昊曾在此削壁筑台，扩建为西夏皇家寺院。现存的庙祠、佛像、石碑及石窟殿宇，是丝绸之路上的重要文化遗存。

海原被誉为“古城堡博物馆”，现存的22座古城遗址和600余处烽火台、堡寨，是当年血与火的最好见证。西安州古城，是历史上重要的军事要塞，是我国保存最完整的一座西夏王国行宫，李元昊父子苦心经营多年，将其打造成为西夏南都重镇——南牟会。透过古老的城墙，依稀看得到当年的金戈铁马和刀光剑影，聆听到丝路商旅的声声驼铃和悠悠胡笳，感受到曾经的文明与辉煌。

让人震撼的不止是文明，还有这里的山川……

100年前发生在海原的“寰球大震”留下的不仅仅是苦难，还有撕裂的震柳、倾斜的滑坡、错位的盐湖、壮观的堰塞湖，这些都成为研究地震的活教材和旅游的好资源。地震能摧毁一座山，却不能折断一株柳。大震后的海原人民变得格外坚强，他们在灾难中奋进，在浴火中重生，凝聚成“自强不息、坚韧不拔”的“震柳”精神，成就了海原百年后化茧成蝶的沧桑巨变。

这片神奇的土地生长出天赐原生的富硒臻品，西海固特色农产品浓缩了海原的风土人情，凝结成追寻乡愁的“海原味道”。高端优质的牛羊肉，鲜美可口，叩开了中国香港市场的大门；绿色、富硒、生态、有机的马铃薯、小杂粮、硒砂瓜、冷凉蔬菜端上了大都市的餐桌；海原面包羊羔肉、土豆丝进入非物质文化遗产名录，走进了《舌尖上的中国》。

左上图 海原盐湖 **摄影 / 钟培源**

盐湖位于一块天然盆地的中央，四周群山怀抱，虽然这里的年降水量并不多，但由于盐湖地势较低，随后都会汇聚于其中，再加上涌出的地下水，使得盐湖能够历经千年而不干涸。

左下图 华润基础母牛基地 **摄影 / 王恒德**

海原县已成为西北地区乃至全国的高端肉牛繁育集散地之一，肉牛养殖的扶贫产业已经发展成为海原县的支柱产业之一。

扫码观看“两晒一促”8分钟专题视频

西安州古城曾是古丝绸之路的重要驿站，也是历史延续下来的一座重要古城。景区石窟初建于北魏，历代重修，寺庙成群、古洞幽深。登上昊王楼，眼下的西安州，气势宏大而壮阔，绿波起伏、花海如潮。眺望远处的灵光寺，夏日松柏苍劲、泉水潺潺、鸟语花香，秋天姹紫嫣红、野果飘香。

人间四月芳菲尽，海原梨花始盛开。每年4月，关桥梨花如云似雪竞相绽放，百年香水梨涅槃重生；“七彩梯田”观光区演绎着色彩的梦幻组合，天梯一样沿着山坡直上云天；红梅杏采摘区人流涌动，清风过处果香袭人；万亩红柳垂钓区最富诗意，成为区内外游客的打卡胜地。

走进海原，悠远豪放的花儿，述说着海原人的爱恨悲欢；古老空灵的手工乐器，倾诉着曾经的沧桑与哀愁；惟妙惟肖的剪纸、刺绣，续写着对美好生活的憧憬和追求。厚重的历史与辉煌的文明交相辉映，迷人的景色与丰饶的物产相得益彰。天赐的灵性与坚韧的精神相辅相成，焕发了今日海原的独特魅力和非凡气质。

期待与您相约海原，探寻绚烂多元的文化，拥抱最美的诗和远方。

左页图　天都山石窟
天都山石窟前临悬崖，后靠峭壁，明、清以来多次重修。寺庙群建筑雕梁画栋、金碧辉煌。

右页图　菜园新石器时代遗址
菜园遗址距今已5000年，是古人类生息、繁衍、生产劳动的场所和墓葬地。

扫码观看“经典故事”图文专题

▲ 六盘山云海 **摄影 / 刘宪忱**

宁夏回族自治区行政区划一览表

地级市	所辖县（市、区）数（个）	县（市、区）	土地面积（平方千米）
银川市	3区2县1市	兴庆区、金凤区、西夏区、永宁县、贺兰县、灵武市	9025.38
石嘴山市	2区1县	大武口区、惠农区、平罗县	5310
吴忠市	2区2县1市	利通区、红寺堡区、盐池县、同心县、青铜峡市	21400
固原市	1区4县	原州区、西吉县、隆德县、泾源县、彭阳县	10541.4
中卫市	1区2县	沙坡头区、中宁县、海原县	17441.6

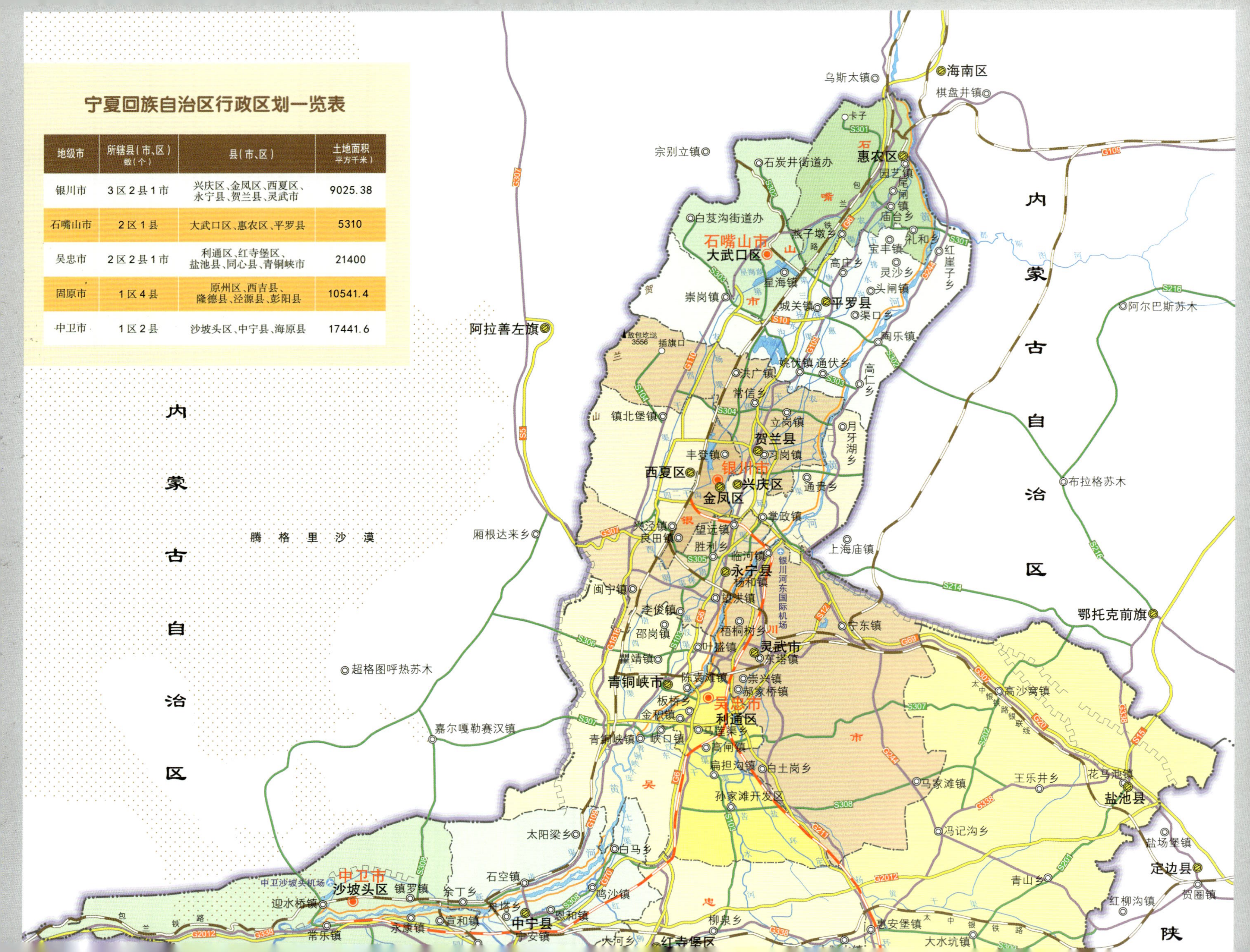

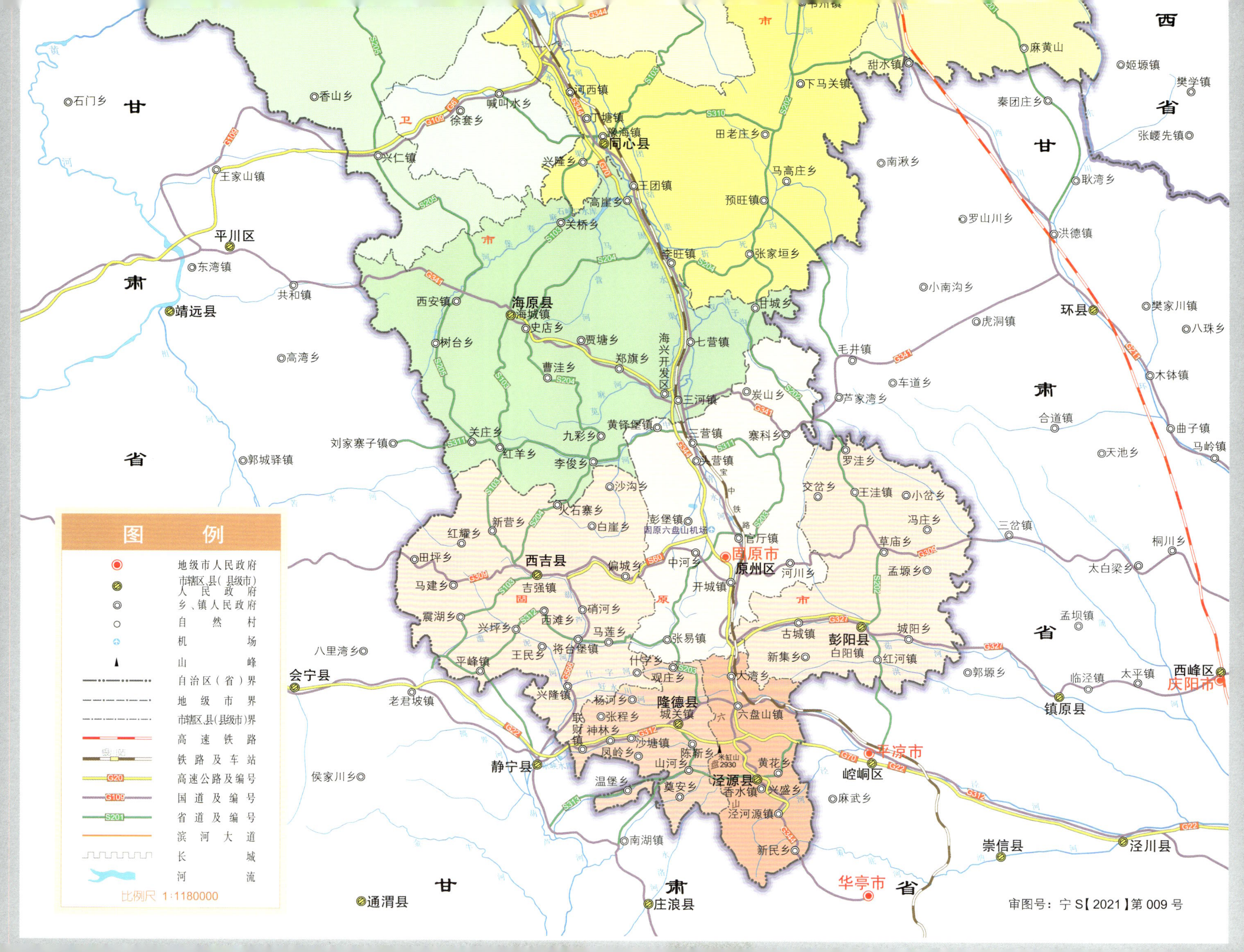

图例
地级市人民政府
市辖区、县(县级市)人民政府
乡、镇人民政府
自然村
机场
山峰
自治区(省)界
地级市界
市辖区、县(县级市)界
高速铁路
铁路及车站
高速公路及编号
国道及编号
省道及编号
滨河大道
长城
河流
比例尺 1:1180000
固原市
原州区
西吉县
隆德县
泾源县
彭阳县
海原县
同心县
海兴开发区
固原六盘山机场
平凉市
崆峒区
华亭市
庆阳市
西峰区
镇原县
环县
泾川县
崇信县
庄浪县
静宁县
会宁县
通渭县
靖远县
平川区
甘肃省
米缸山 2930
审图号：宁S【2021】第009号

后记

我把宁夏“送给”你

宁夏既有舒缓的平原，也有巍峨的高山；既有长河蜿蜒，也有翠湖连天；既有大漠风光，也有水乡风韵。古老的黄河文明，雄浑的大漠风光，构成了多姿多彩的旅游资源。宁夏是中国西部独具特色的旅游目的地，2013年被美国《纽约时报》评为全球46个必去的旅游目的地之一。宁夏是全国第二个全域旅游示范省（区），也是大西北旅游中转站和国际旅游目的地。

这里是“贺兰山下果园成，塞北江南旧有名”的鱼米之乡，也是“天高云淡，望断南飞雁，不到长城非好汉”的红色土地。千百年来，“长河落日、大漠孤烟”的绮丽画卷吸引着历代名家和游人的目光。各族人民在这片土地上和睦相处、共同奋斗，绘就了宁夏的大好河山。早在秦代，中华儿女的先人就在黄河两岸修渠引灌、凿饮耕食，形成了著名的引黄灌溉区。宁夏气候清爽宜人，纬度适宜，全年优良天数达到270天以上，一年四季皆宜出游。冬无严寒、夏无酷暑，是旅游观光、避暑度假的理想之地。

宁夏是中华远古文明的发祥地之一，也是古丝绸之路东段北线商埠重镇，中原文明同西域文明交融会合地，构筑了各民族共有的精神家园。在这里，沙坡头大漠与长河相拥，水洞沟穿越史前时空，沙湖诠释沙与湖的完美结合，镇北堡影城畅谈梦想奇恋，西夏陵讲述神秘西夏奇事，贺兰山东麓品味葡萄美酒的浪漫，诸多“高颜值”美景，多维度展现了宁夏的神奇特质，给您满满的惬意和旅游体验的饱足感。

宁夏在中国革命史上占有重要地位，这里是一片有着光荣革命传统的红色土地。“六盘山上高峰，红旗漫卷西风，今日长缨在手，何时缚住苍龙”，体现了共产党人的豪情壮志。革命理想高于天，不忘初心，走好新的长征路，宁夏红色旅游已经成为新时代开展革命传统教育和爱国主义教育，传承红色基因的重要方式。

大漠山川演绎北国风光，绿洲水泽高歌鱼米之乡，让我们追寻远古的丝路驼铃，享受淳厚的黄河风情，走进神奇宁夏，给心灵放个假。

《这里是宁夏》编委会

宁夏“晒文旅 · 晒优品 · 促消费”大型文旅推介活动第一季

策　　划：李光荣
责任编辑：王佳慧　张　璐　林小燕
责任印制：冯冬青
封面设计：闫　洁
封面摄影：祁赢涛

图书在版编目（CIP）数据
这里是宁夏 /《这里是宁夏》编写组编. -- 北京：中国旅游出版社, 2021.9
ISBN 978-7-5032-6755-0

Ⅰ.①这… Ⅱ.①这… Ⅲ.①宁夏—概况 Ⅳ.①K294.3

中国版本图书馆CIP数据核字（2021）第165107号

审图号：宁S【2021】第009号
书　名：这里是宁夏

作　　者：《这里是宁夏》编写组 编
出版发行：中国旅游出版社
（北京静安东里6号 邮编：100028）
http://www.cttp.net.cn　E-mail:cttp@mct.gov.cn
营销中心电话：010-57377108，010-57377109
读者服务部电话：010-57377151
制　　版：银川兴艺丰德传媒有限公司
经　　销：全国各地新华书店
印　　刷：宁夏银报智能印刷科技有限公司
版　　次：2021年9月第1版　2021年9月第1次印刷
开　　本：889毫米×1194毫米 1/16开
印　　张：18.75
字　　数：208千
定　　价：368.00元
I S B N　978-7-5032-6755-0